经济学研究丛书

JINGJIXUE YANJIU CONGSHU

物联网产业组织研究

WULIANWANG CHANYE ZUZHI YANJIU

郑淑蓉 著

光明日报出版社

图书在版编目（CIP）数据

物联网产业组织研究 / 郑淑蓉著 . —北京：光明
日报出版社，2016.9
　ISBN 978－7－5194－1610－2

　Ⅰ.①物…　Ⅱ.①郑…　Ⅲ.①互联网络－产业组织－
研究－中国②智能技术－产业组织－研究－中国　Ⅳ.
①F492.3②TP393.4③TP18

　中国版本图书馆 CIP 数据核字（2016）第 188771 号

物联网产业组织研究

著　　者：郑淑蓉

责任编辑：李壬杰　　　　　　责任校对：谷晓倩
封面设计：人文在线　　　　　责任印制：曹　净

出版发行　光明日报出版社
地　　址　北京市东城区珠市口东大街 5 号，100062
电　　话　010－67017249（咨询），67078870（发行），67019571（邮购）
传　　真　010－67078227，67078255
网　　址　http：//book. gmw. cn
E－mail：gmcbs@gmw. cn　Lirenjie111@126. com
法律顾问　北京德恒律师事务所龚柳方律师

印　　刷：北京市媛明印刷厂
装　　订：北京市媛明印刷厂
本书如有破损、缺页、装订错误，请与本社联系调换

开　　本：710mm×1000mm　　　　1/16
字　　数：204 千字　　　　　　印　　张：14.25
版　　次：2016 年 9 月第 1 版　　印　　次：2016 年 9 月第 1 次印刷
书　　号：ISBN 978－7－5194－1610－2

定　　价：42.00 元

前　言

　　马克思主义经济学文献中"产业"一词是指从事物质生产的工业部门和行业。产业组织理论中"产业"一词是指具有某种相同属性的"企业集合"。一般认为，产业是一个居于微观经济的细胞（企业）和宏观经济的整体（国民经济）之间的一个"集合概念"，它是同一属性的企业的集合，也是根据某一标准对国民经济进行划分的一部分。

　　经济学中"组织"一词是由英国经济学家马歇尔首先提出的。马歇尔在其1890年出版的《经济学原理》一书中，把组织列为一种能够强化知识作用的新的生产要素，其内容包括企业内部组织、同一产业中各种企业间的组织、不同产业间的组织形态以及政府组织等。组织一词有两种含义：一是动词，就是有目的、有系统地集合起来，如组织群众，这种组织是管理的一种职能；二是名词，指按照一定的宗旨和目标建立起来的集体，如工厂、机关、学校、医院、各级政府部门、各个层次的经济实体、各个党派和政治团体等。

　　产业组织通常以具体的特定产业为研究对象，产业组织指产业内企业间的组织形态和市场关系。这一概念包括两层含义：

　　第一，产业内企业间的组织形态，是指同类企业相互联结的组织形态，如企业集团、分包制、企业系列等。这些不同的产业组织形态既根源于企业间技术关联的专业化协作程度，又取决于产业内企业间垄断与竞争的不同结合形态。

第二，产业内企业间的市场关系，这种企业间的市场关系主要包括：交易关系、行为关系、资源占用关系和利益关系。具体指同类企业间的垄断、竞争关系。表现为产业内企业间垄断与竞争不同程度结合的四类市场结构，即完全竞争型、完全垄断型、垄断竞争型和寡占垄断型等市场结构。反映了产业内不同企业的市场支配力差异、市场地位差异和市场效果差异。

产业组织理论是在西方发达国家产生和发展起来的，以微观经济学理论为基础，具体分析企业结构与行为、市场结构与组织以及市场中厂商之间的相互作用和影响，进而研究经济发展过程中产业内部企业之间竞争与垄断以及规模经济与效率的关系和矛盾，揭示产业组织活动的内在规律，为产业组织政策的决策者提供理论依据和政策建议的微观应用经济理论。产业组织理论作为产业经济学的基本理论有着深刻的思想渊源及产生、发展和深化的过程。产业组织理论的思想渊源包括柏拉图的劳动分工思想、亚当·斯密的古典经济学思想、"马歇尔冲突理论"和克拉克的"有效竞争理论"等。西方产业组织理论经历了两个发展阶段，先后形成了哈佛学派的 SCP 范式、芝加哥学派的产业组织理论、新产业组织理论和"后SCP"流派的新制度经济学理论等。20 世纪 80 年代产业组织理论被引入中国，与中国的国情相结合，形成了一些中国化的产业组织理论思想。产业组织理论的中国化经历了以下三个阶段：第一阶段，以引进和学习西方产业组织理论为主，对中国的产业组织问题进行尝试性研究；第二阶段，在研究西方理论的基础上，结合中国国情形成新的理论观点；第三阶段，引入博弈论等新的分析工具，对中国的产业组织问题进行具体而深入的研究。

作为新一代信息技术产业，物联网产业的快速发展对经济和社会生活产生了极其深远的影响。从国外看，美国、欧盟、日本、韩国等发达国家和地区都将物联网作为取得全球竞争优势的重要砝码；从国内看，我国物联网产业处于初步快速发展阶段。长三角区域是我国物联网技术研发和应用的起源地，在发展物联网产业方面一直走在全国前列。在此背景下，如何运用产业组织理论明确物联网产业组织发展的驱动力，优化市场结构，规范市场行为，提高市场绩效，已成为我国物联网产业组织快速发展中亟待解决的重要问题。

本研究以拓展的产业组织理论SCP范式为分析框架，结合产业组织理论的最新发展，在物联网产业快速发展的背景下，以长三角区域为例，对我国物联网产业组织驱动力、市场结构、市场行为、市场绩效以及它们之间的一般关系进行分析，提出优化原则及优化对策，在此基础上归纳研究结论和研究启示。

首先，在阐明研究背景和研究意义的基础上，回顾产业组织理论的相关文献及其演进过程，界定SCP范式的相关概念及其基本原理，并对拓展的SCP范式在我国物联网产业组织研究中的适用性进行说明与修正，构建"M-SCP"分析框架。

其次，分析世界物联网产业、我国物联网产业和长三角区域物联网产业的发展概况，探析产业组织驱动力M的内涵及其影响因素，以长三角区域为例，分析物联网产业组织驱动力的指标构成，并得出相应的分析结论。

再次，明确物联网产业组织市场结构S的基本内涵与具体内容，分析我国物联网产业组织空间分异态势及其关键动因，并以长三角区域为例，分析物联网产业组织市场结构的指标构成，得出相应的分析结论。

又次，界定物联网产业组织市场行为C的相关概念，探讨物联网产业组织市场行为特征，在此基础上，构建物联网产业组织发展水平指标体系并评价，以长三角区域为例，分析物联网产业组织市场行为的指标构成及其内容，提出我国物联网产业组织市场行为的商业模式及其行为优化。

第五，确定物联网产业组织市场绩效P的概念，明确物联网产业组织的M、S、C、P之间的关系，基于2008－2012年上市公司的数据，根据评价指标体系、评价方法与实证过程，评价我国物联网企业成长性及其类型分析，并得出相应的结论。

最后，总结研究结论与启示。

本研究的创新之处和意义在于运用拓展的"M-SCP"范式,系统分析处于发展初期的我国物联网产业组织,不仅丰富了物联网产业组织的理论与应用研究,而且具有重要的现实指导意义。布局空间合理的物联网产业组织,有利于实现国家层面、产业或行业层面、企业层面三者之间的协调发展,长三角区域物联网产业的发展为环渤海、珠三角、海西和中西部等区域提供经验借鉴。

郑淑蓉

目　录

1

第1章 绪 论

一、研究背景与意义

(一) 研究背景

物联网是继计算机、互联网和移动通信之后的新一轮信息技术革命。加快发展物联网产业是促进"两化"深度融合、提高社会信息化水平的重要手段，对经济发展和社会生活都将产生深远的影响。

1. 全球物联网产业竞争激烈

从国际看，未来几年，全球物联网市场规模将出现快速增长，据分析报告，2007 年全球市场规模达 700 亿美元，2008 年达 780 亿美元，2012 年超 1400 亿美元，年增长率近 20%[①]。预计 2016 年全球市场规模约为 3500 亿美元，年均增长率接近 25%。针对新一轮的信息产业浪潮，各主要发达国家都将"物联网"纳入国家经济社会发展的重要战略性规划之中，希望能够在下一代信息科技革命中抢占市场先机。美国 2009 年 9 月将"智慧地球"提升为国家物联网的发展战略，并出台总额为 7870 亿美元的《美国恢复和再投资法案》，从智能电网、卫生医疗和教育信息技术等多个领域积极推动物联网的应用和发展；欧盟 2009 年 6 月制定《欧盟

---

① CERP—IOT. Internet of Things-Strategic Research Roodmap . http://docbox.etsi.org

1

物联网行动计划》，提出推动欧盟物联网产业发展的 10 条政策建议；日本政府提出"I－Japan 战略 2015""智能云战略"，致力于打造数字化社会；韩国出台《物联网基础设施构建基本规划》，明确把物联网市场作为经济增长动力；中国提出"感知中国"战略。此外，新加坡、澳大利亚等国也推出一系列物联网经济发展战略，作为取得全球竞争优势的重要筹码。

2. 我国物联网产业初步形成

从国内看，随着物联网技术的研发和产业政策的推动，我国物联网产业初步形成。在技术研发上，早在 1999 年我国就开始物联网技术的相关研究，与国际同步；在市场规模上，据《2010－2012 年中国物联网产业发展研究年度报告》[①] 和赛迪顾问研究显示，2010 年，国内物联网产业市场规模达 2000 亿元，2016 年市场规模将达 7500 亿元，预计到 2020 年市场规模达 28000 亿元，年复合增长率超 30％，市场前景将超过计算机、互联网和移动通信业务市场[②]；在政策规划上，国家发改委、工信部、财政部、科技部等多部门和各个地市相继出台物联网技术和产业发展规划，积极为物联网产业发展营造良好宏观环境；在产业布局上，已初步形成环渤海、长三角、珠三角、中西部区域等四大区域产业聚集发展的空间格局。

3. 长三角区域领跑物联网产业发展

长三角区域是我国物联网技术研发和应用的起源地，凭借电子信息产业深厚的基础，上海、江苏、浙江等省市在规划制定、技术应用、平台搭建等方面领先全国。上海由多家科研机构和企业单位发起成立上海物联网产业联盟，并提出设立"上海物联网中心"，实施十大应用示范工程；江苏无锡则举全市之力发展物联网产业，提出要建成中国首个"感知城市"，南京、苏州、镇江、徐州等城市也极力效仿；浙江积极打造产业集聚基地，构建以杭州为核心，宁波、嘉兴和温州等地为重点的"一核多星"产

---

① 《2010－2012 年中国物联网产业发展研究年度报告》http：//www.gov.cn/jrzg

② 余周军. 中国物联网产业发展现状及展望. 赛迪顾问在线，http：//blog.sina.com.cn

业布局。

4. 物联网产业组织缺少系统性研究

物联网是一个新兴的信息技术产业，在快速发展的过程中面临着诸多机遇和挑战。在对国内外物联网产业相关文献资料深入研究的基础上，发现目前学者较少运用产业组织理论对物联网产业组织进行系统深入的研究。在产业驱动力和产业布局的影响下，物联网产业组织的驱动力、总体市场结构及其特征、物联网产业组织的市场行为、物联网产业组织的市场绩效等问题亟待探讨。以长三角区域为例，分析长三角物联网产业组织的快速发展会给环渤海、珠三角、中西部等区域的物联网产业发展带来启示。

（二）研究意义

目前，物联网产业还处于初步发展阶段，学术界对物联网产业组织的研究主要集中在产业集群、产业联盟、产业链结构等单一方面，缺乏较为系统全面的研究。本研究运用产业组织理论的拓展范式，并以长三角区域为例，分析我国物联网产业组织的相关问题，具有一定的理论意义和现实意义。

1. 理论意义

以物联网产业组织为研究对象，将产业组织学、区域经济学、组织行为学、微观经济学等多学科进行理论综合，构建"M－SCP"分析框架，运用定量和定性相结合的衡量指标，对物联网产业组织的驱动力、市场结构、市场行为和市场绩效进行深入剖析，并对四者之间的一般关系进行分析，依据分析结果提出优化原则及对策，在此基础上总结归纳我国物联网产业组织的研究结论和研究启示，丰富物联网产业组织的理论研究。

2. 现实意义

根据物联网产业组织驱动力、市场结构、市场行为和市场绩效的分析结果和对策建议，微观层面，为物联网产业组织的创新、竞争、合作等行为提供指导；中观层面，为物联网产业的发展重点指明方向和相关产业政策提供价值参考；宏观层面，长三角区域物联网产业组织的发展经验和教训可以为环渤海、珠三角、中西部等区域提供借鉴。合理的物联网产业组织特征，有利于实现国家层面、行业或产业层面、企业层面三者之间的协调发展，对长三角区域乃至全国的战略性产业结构调整产生巨大的积极推动作用。

二、相关文献回顾

（一）物联网产业效益研究

据美国权威咨询机构 Forreseter 预测，到 2020 年全球范围内物物互联的业务跟人与人通信的业务相比，将达到 30 比 1，因此，"物联网"被称是下一个万亿级的通信业务。

1. 国外研究

从宏观经济层面侧重研究物联网产业的经济效益、社会效益等。主要观点有：Dr. Ovidiu Vermesan 等（2010）从哲学视角认为物联网的贡献在于在连接的实体之间挖掘信息，并把这些信息转化为知识，造福人类和社会。Luigi Atzori 等（2010）认为物联网的最大优势在于它将使潜在用户在任何时间、任何方面产生巨大影响。Robvan Kranenburg 等（2011）认为物联网的影响力主要表现在价值链层面、服务层面、智慧城市层面、智慧地球层面。Daniele Miorandi 等（2012）认为物联网将会通过以下方式创造新的商业机会：基于共同的信息通信技术平台形成应用服务的垂直市场；通过将物理实体和虚拟实体的连接创造新的细分市场。Luigi Atzori 等（2012）从物联网和社会网络结合的角度研究社会物联网（SIoT），认为社会物联网有助于增强社会网络的适应性和诚信度。Aelita Skarzauskiene 和 Marius Kalinauskas（2012）认为物联网的发展会促进未来服务互联网的产生，将会对传感器、中间件、决策支持工具产生大量需求。

从中观产业层面侧重研究物联网产业在旅游、交通、医疗、物流等方面产生的效益。主要观点有：Guerra 和 Diogo Andre Gomes（2010）对物联网技术在旅馆业中的应用进行研究，做了两组对比试验：旅馆使用物联网技术前和使用物联网技术后的顾客满意度。通过对来自 44 个国家的 418 名目标客户进行访谈，认为物联网技术有助于提高服务质量，增加顾客的忠诚度，为旅馆创造价值。Foschini 等（2011）认为基于 M2M 的交通管理信息系统有助于改善目前大城市中的交通拥堵等问题，驾驶者可以实时根据道路情况调整路线，减缓市区中心地段的交通压力。Tomas Sanchez Lopez 等（2012）认为物联网在提高全球供应链物流管理、产品防伪检测、制造业自动化、智能家居、电子政务和电子医疗等方面具有巨大的产业效益。Dlodlo N 等（2012）将物联网的应用领域划分为十二个方面：医疗保健；零售业；餐饮业；交通运输；能源技术；信息安全；家庭自动化；环境监测；制造业；农业；教育；通信。

从微观企业层面侧重研究物联网产业为消费者、供应商、制造商、残疾人、运动员等带来的各种效益。主要观点有：Kary Framling 和 Jan Nyman（2005）认为基于物联网技术的信息架构可以解决日益紧迫的产品生命周期的信息管理问题，促进物流、信息流、资金流的融合，为消费者、供应商、制造商的信任创造条件。Coltman・T 等（2008）认为 RFID 技术应用于供应链管理信息系统中，有助于减少订单发货准备期，及时跟踪了解产品、货盘、集装箱的实时信息，优化库存管理和提高资产利用率，实现供应链之间的竞争优势。Michael Chui 等（2010）认为物联网主要有信息分析和自动化控制两大作用。前者主要表现在跟踪行为、增强态势感知和基于传感器的决策分析等方面，后者主要表现在优化流程和资源配置等方面。Mathaba 等（2011）对物联网和 web2.0 在南非企业的存货管理应用进行研究，发现物联网通过传感器技术加快货物流转，web2.0 加强消费者之间的交流，二者的结合改善了传统存货管理的高成本、低效率等问题。Mari Carmen Domingo（2012）对物联网在有视觉障碍、听觉障碍和身体障碍的残疾人群体中的应用进行研究，并以购物、上学、居住为例进行具体分析，认为物联网有助于他们参加社会活动、了解

5

社会信息、开阔视野等。Jesus Rodriguez-Molina 等（2013）将物联网中的无线传感网络和语义中间件结合起来，能够及时对运动员的个人信息和环境进行严格监测，包括年龄、性别、身体状况、医疗保健等。

2. 国内研究

从宏观经济层面侧重研究物联网产业在经济、社会、生态等方面的效益。主要观点有：陶冶、王雷（2010）指出物联网产业的发展有助于推动生产方式在生产力构成要素、劳动形式、经济结构、生产管理方式等多方面的变革。乔海曙、谢璐芳（2011）认为物联网产业具有"乘数效应"，产值总量呈非线性增长趋势，其增长速度将远大于整个国民经济的增长速度。张文波、吴晶（2011）基于物联网实现生态感知的视角，认为物联网避开了人类发展与增长的陷进，实现动态的进化成为可能，从而人类走向零产业时代。覃敏杰（2012）从质性分析的角度，以扎根理论为基础，构建物联网产业发展对经济社会的基本影响框架，认为物联网产业发展会推动社会经济形态转变，改变社会经济基础构建，变革社会经济增长方式。

从中观产业层面侧重研究物联网产业在各个行业带来的推动作用。主要观点有：邬贺铨（2010）对智能电网、智能交通、智能物流、生态监视、电子保健、智能家居等物联网技术应用领域进行研究，认为物联网产业将会成为未来战略性支柱产业，推进国民经济和社会信息化。程德冬（2012）认为物联网与物流技术的融合，将会带来物流产业转型升级，降低社会物流费用，提升物流产业科技创新的核心竞争力。程钰杰（2012）对物联网产业应用进行分类，基于应用类型划分为数据采集型、自动化控制型、日常生活型、定位跟踪型等，基于产业领域划分为第一产业（现代农业等）、第二产业（现代工业、电力等）、第三产业（物流、零售、医疗等）。马小玲等（2012）认为目前物联网应用主要在特定行业的闭环应用，信息的管理和互联局限在较为有限的行业内，没有形成完整的应用体系，物联网的优势无法充分体现出来。马飞等（2012）认为物联网对低碳经济有重要推动作用。

从微观企业层面侧重研究物联网对企业运营、供应链管理等方面产生的各种效益。主要观点有：冯东（2005）认为 RFID 在供应链管理中，有助于实现上下游企业之间协同工作，减少信息不对称和信息失真现象，提高供应链的透明度，从而提高运营绩效。梁竹（2011）发现基于物联网的第三方物流企业价值链的基本活动普遍具有高效率、高质量和实时性的基本特征，辅助活动都具有高素质、智能化等突出特点。陆瑞琦（2011）对物联网在超市中的应用进行案例研究，认为物联网在结账付款、货架维护、价格调整、商品保质期管理、商品退货等方面提高了效率，为消费者和供应链管理创造巨大价值。Xiaowei Zhu 等（2012）认为 RFID 技术可以为供应商、制造商、分销商和零售商提供准确及时的产品信息，有助于减少库存成本、简化业务流程、提高供应链效率和增加货物周转率。

从上述文献可以看出，国内外对物联网产业效益的研究成果具有一致性，宏观层面以抽象研究为主，产业效益主要表现为经济绩效、社会绩效、生态绩效等方面；中观层面以经验研究为主，产业效益主要表现在物流、交通、农业、电力等领域；微观层面以案例研究为主，对企业或个人进行比较分析，产业效益主要表现在促进信息交流、提高企业效率等方面。总的来说，定性分析较多，定量研究较少，研究成果的理论性和规范性有待加强。

（二）物联网产业商业模式研究

物联网产业发展与 IT 业最初阶段非常相似，稳定和有明确盈利模式的商业模式还未形成，产业上下游受益具有相当的不确定性。在现代社会，一种商业模式可以统摄未来的市场，物联网产业的健康发展，关键是要探索一个稳定的多方共赢的商业模式。

模式是解决某一类问题的方法论。商业模式是一种包含了一系列要素及其关系的综合性概念，用以阐明从事业务运作的具体方法和途径。"商业模式"一词 1929 年首次出现于文献中。1929～1998 年间，国外"商业模式"的相关研究历经萌芽阶段（1929～1959）、平缓成长阶段（1960～1990）、快速发展阶段（1991～1998），今天已经发展成为理论界和实务界的关注热点。1998 年以来，国外关于商业模式的研究又可以分为 4 个阶段[①]，每一阶段研究的内容不同，参见表 1.1。

表 1.1　商业模式研究的 4 个阶段及其内容

研究阶段	研究内容	代表学者
第一阶段	商业模式的内涵、定义和分类	Timmers 1998、Petrovic2001、Jom Magret-ta2002 等
第二阶段	商业模式组成要素和框架	Rosenb loom 2000、Staehler2001、Martin Reeves2009 等
第三阶段	商业模式的理论基础	Amit Zott2001、Morris2005 等
第四阶段	商业模式演化与创新	MacInnes Ian2005、Henning2008、Ragna-Bell2009 等

相比国外商业模式的理论研究，国内的研究成果也不少，但仍处于跟踪阶段，国内学者商业模式研究的代表观点主要有：罗珉教授（2005）认为[②]，商业模式是企业建立以及运作的那些基础假设条件和经营手段措施。商业模式至少要满足两个必要条件：商业模式是一个由各要素组成的整体；商业模式的各组成部分有机联系，互相支持，共同作用，形成良性循环。翁君奕教授（2004）通过对企业内外经营环境及平台界面的细分，将商业模式界定为一个类似"魔方"的三维空间，由价值主张、价值支撑和价值保持构成价值分析体系，提供商业模式构思和决策的思维方法。

商业模式作为企业竞争的最高形态，其不同的研究侧面反映了商业模式是由概念、要素、架构、创新等价值体系构成的企业或产业活动的整体。商业模式研究的重点开始由传统的盈利模式研究转向价值创造体系和产业生态系统方向的研究。根据商业模式研究的相关经验，遵循物联网产业的发展趋势，物联网产业商业模式的研究也随之兴起，成果丰富。根据管理学文献，国外物联网产业商业模式的研究主要集中在以下几个方面：

1. 技术领域。Kortuem. G（2009）在介绍 RFID 基本技术的基础上，重点介绍了三种 RFID 技术的节点设备，包括行为监测节点设备、警务监

---

① GORDIJNJ. Comparing two Business Model onto logies for Designige . 18th Blede conference Integration in Action，Bleel，Slovenia，June6－8，2005

② Kortuem. G，Kawsar. F，Fitton. D，Sundramoorthy. Vsmart objeets as building Blocks for the Internet of things. Internet ComPuting，IEEE，2010，14（1）：44－51

测节点设备和过程监测节点设备，并分别对各类设备的应用前景进行规划。

2. 行业应用领域。IBM 对于物联网"智慧地球"远景规划中预测了物联网的十大应用范围。Kranz. M（2009）[①] 介绍了将物联网的芯片植入各类物体乃至人体当中的技术，同时分析了 RFID 芯片对于物体的各类状态的识别功能，介绍了此类状态变化识别在生活中的诸多应用，研究认为，物联网技术的主要应用是即时反映物体的变动情况，实现更为便捷的人机交互。Battle. L 等人（2010）从物联网产业的产业链和生态系统出发，介绍了物联网在用户端的应用。Broll. G（2009）[②] 介绍了手机端物联网应用模式，通过资源数字化技术，将信息转化为手机等移动终端可以识别的符号，通过软件平台和通信技术，搭建起符号与信息交互的平台。

3. 安全与法规领域。Weber（2009）则着重探讨了物联网应用的安全性和法律法规问题，他认为物联网主要安全问题是网络攻击、数据验证、访问控制和客户隐私，因此在相关的法律法规制定上，一定要重视物联网各个节点的隐私保护。

国内物联网产业商业模式的研究也有不少成果，参见表 1.2。

表 1.2 国内物联网产业商业模式的研究

研究角度	研究内容	代表学者
物联网业务形态	物联网业务形态结构图 物联网业务形态对比	范鹏飞、曹自立、黄卫军 2010
物联网业务运营	基于运营商的物联网商业模式	郑欣 2011、王陆军 2011、张云霞 2010
物联网产业流程	基于价值网和价值链的物联网商业模式	刘冰 2011、刘兆元 2010

---

① Kranz. M，Holleis. P，Sehmidt. A. Embedded Interaction：Interacting with theInternet of Things. Internet Computing，IEEE，2010，14（2）：46 − 53

② Broll. G，Rukzio. E，Paolucci. M，Wagner. M，Schmidt. A，Hussmann. H. Perci：Pervasive Service Interaction with the Internet of Things. Internet Computing，IEEE，2009，13（6）：74 − 81

研究角度	研究内容	代表学者
物联网支柱业务群	基于技术架构的物联网商业模式	周晓琼、周洪波 2010
物联网的国际比较	从融合的角度看物联网应用模式	国务院发展研究中心技经部 2011

物联网产业商业模式中业务形态、业务运营、业务群等的研究凸显出来，目前国内比较集中的研究方向是探讨运营核心平台的搭建以及市场运作过程中运营商、系统集成商、服务提供商等主要主体的相互关系、服务提供方式和收入分配模式，体现现有物联网商业模式的应用主要为垂直型行业应用。

(三) 物联网产业组织驱动力研究

产业组织驱动力是物联网产业快速发展的根本原因。国内外学者和机构对物联网产业组织驱动力的研究结果，总体可以归纳为广阔的市场需求、持续的技术创新、丰富的生产要素、发达的关联产业、积极的政府政策等方面。

1. 国外研究

国外学者研究认为，商业需求、创新、技术研发、信息交流等是物联网产业发展的主要动力。主要代表性观点有：Joshua Cooper，Anne James（2009）强调商业需求是物联网产业发展的根本动力。Gerd Kortuem，Fahim Kawsar（2009）则认为用户创新和市场创新的结合是物联网发展的主要动力，但是必须做到理解和支持用户创新的接触点，理解开放创新平台的特点，理解用户激励，认识物联网商业模式，识别和测绘潜在开放的物联网生态系统。Jaydip Sen（2011）的观点相对较为全面，认为物联网产业发展的主要动力有技术研发、智力创新、信息交流、一体化管理、协议互操作性等方面。

2. 国内研究

国内学者和机构对物联网产业发展影响因素的研究相对丰富，可以分为以下两个方面：

一方面，侧重于认同政府或市场等某一因素是物联网产业发展的主要动力。主要观点有：《2010－2011 年中国物联网发展年度报告》强调现阶段多层面的政策投入成为推动中国物联网产业发展的最强动力。而汪衣冰（2010）认为物联网产业化发展的驱动力来自于符合市场需求的应用产品，并提出应加强以市场为导向，进行应用产品的探索与开发。李仁良、邹海荣（2011）认为我国物联网产业发展将会经历从供给驱动到需求驱动的转变。吴好、郑淑蓉（2012）提出物联网产业发展的市场支撑体系，即物联网产业的投资市场、消费市场、出口市场和支撑环境，四类支撑体系之间相互制约、相互影响、相互支撑。陈秋怡等（2013）采用灰色关联度方法研究，得出科研投入比重和专利数目是影响物联网产业竞争力的主要因素。林乐虎（2013）采用德尔菲法和 Q-sort 的方法研究物联网产业链节点和核心要素认为，市场需求、重点应用和产业链主导节点的发展是物联网产业发展的重要动力。

另一方面，多数学者和机构比较认同市场、政府、技术、企业等多因素的共同作用是物联网产业发展的主要动力，这方面的研究多以理论与实证相结合为主。主要观点有：《全球物联网市场现状与趋势报告（2010）》认为物联网产业的驱动因素主要有行业应用规模、核心技术知识产权、产业一体化程度、市场拓展等。周晓唯、杨露（2011）基于钻石模型理论，认为高级生产要素、国内市场需求、相关产业推动、物联网关键技术研发、良好的市场机遇、政府政策六大因素推动物联网产业发展。王志文、邓少灵（2012）指出技术创新是物联网产业产生和发展的内在动力，市场需求是促进物联网产业发展的根本动力，政府政策是物联网产业发展的重要外在推动力。钟祥喜等（2012）认为形成期物联网产业发展影响因素主要有政府支持、产业技术自主创新、管理自主创新、市场需求、产业集群以及经济社会和生态的联动作用。孙丹（2012）采用因子分析法实证研究发现政府、市场、标准、物联网生产及运营、企业和技术是影响我国物联网产业发展的关键因素。张明柱、任利成（2013）运用层次分析法实证研究得出政府政策力度、资金投入和科研与人才是影响我国物联网产业发展最重要的影响因素。李家军、陈爽（2013）运用灰色关联度模型实证研究认为经济实力、政治因素、科技创新和市场需求是物联网产业发展的主要动力。郭晋飞等（2013）认为物联网需求和技术创新是物联网产业生态系统运行的决定性因素。

从上述国内外学者的研究可以看出，国内学者对物联网产业组织驱动影响因素从定性和定量方面做了大量的研究，成果比较丰富，虽然侧重点有所不同，但比较一致的观点是认为企业资源、产业链资本、政策环境和市场环境等是物联网产业组织发展的主要驱动因素。

（四）物联网产业组织形态研究

产业组织形态是同一产品价值链上各种企业间的关系结构的具体表现形式。国内学者对物联网产业组织形态的研究主要集中在产业集群和产业联盟两个方面。

关于物联网产业集群的问题、对策、作用机理、影响因素等方面的研究，主要观点有：绳立成等（2010）研究认为，我国物联网产业集群具有比较优势，但同时存在缺乏统一的发展战略、核心技术缺失、标准体系不完善、地址资源匮乏、规模化应用不足等问题。叶新云（2011）从项目管理的角度对物联网科技园区建设的管理运作模式进行分析，认为产业园区的品牌战略、商业模式、技术创新等有助于扩大物联网产业集群的整体影响力，带动相关产业的发展。胡斌（2012）认为建立在企业网络结构基础上的产业集群有助于纵向知识溢出、横向知识整合和核心技术的突破，从而形成一种鼓励合作和创新的良性集群文化。袁芳（2012）基于全球价值链的视角，结合现代产业组织结构集聚化、融合化和模块化等新特征和发展趋势，从动力机制、创新机制、利益机制、产学研协同机制、发展演变机制等方面对长三角区域物联网产业集群进行系统研究，并提出相关建议。董新平（2012）基于集聚因子模型和 logistic 增长模型，研究认为区域资源禀赋、市场、政府规制、产业环境、特定性知识等是影响物联网产业集群的主要因素。而钟祥喜等（2013）基于 G^2EM －CI 模型实证研究发现基础、互动和价值链是影响物联网产业集群竞争力的最主要因素。

关于物联网产业联盟的作用、问题、对策、监督体系等方面的研究，主要观点有：杨震（2010）认为产业联盟是物联网的核心商业模式，能够以较低的风险实现资源优化配置，发挥优势互补，占领产业融合所开辟的新市场。谢振华（2011）认为物联网产业联盟还处于探索阶段，由于物联网涉及的产业链长，产业联盟大部分属于市场合作联盟和产业链合作联盟。范鹏飞等（2011）认为产业联盟是产业链上下游企业合作的主要形式，提出完整的物联网必须建立国家传感信息中心、统一的物联网管理平台和开放的业务管理平台。叶敏、宋环环（2012）研究认为我国各地物联网产业联盟存在门槛低、重复性建设和恶性竞争严重等问题，并从政府、联盟和企业三个层面提出具体建议。田世海等（2013）基于系统原理从监督要素、监督层次和监督策略三个维度构建出一个具体的三维物联网产业联盟监督体系。

上述关于物联网产业组织形态的研究还处于探索阶段，研究内容主要集中在问题及对策、影响因素、作用机理等方面，本质上是对物联网产业链的静态研究，目前还缺少对物联网产业组织形态的动态研究。

（五）SCP 范式及其拓展范式的应用研究

SCP，即"结构（Structure）—行为（Conduct）—绩效（Performance)"，SCP 范式是产业组织理论的核心内容之一，是产业组织理论与应用研究的经典范式。SCP 范式是哈佛大学学者创立的产业组织分析的理论，这一理论认为产业结构决定了产业内的竞争状态，并决定了企业的行为及其战略，从而最终决定企业的绩效。

1. 国外研究

国外有关产业组织理论的研究相对较早，应用领域涉及制造业、运输业、银行业、体育产业等领域。代表性文献有：Davies·B（1996）以1989—1993 年英国的 65 家酒店为研究对象，通过分析利润、营业额、市场占有率、市场集中度等指标，发现英国酒店业具有高度的竞争性，酒店特色会对利润和定价策略产生影响。Annette N. Brown 和 J. David Brown（2001）运用 SCP 范式对俄罗斯的代表性产业进行分析，结果表明市场集中度与企业效益有很大关系，集中度高的产业比集中度低的产业收益好。Marcelo Resende（2007）以 1996 年的巴西制造业为研究对象，建立由市场集中度、广告、研发和利润率四个变量组成的联立方程，发现进入壁垒是影响市场结构的最重要因素，广告密度、研发力度对利润率有重要影响。Saleem Shaik 等（2009）运用 SCP 范式对 1994－2003 年美国的货车公司进行研究，发现平均运程、平均负荷量、负债与股东权益和市场集中度显著影响技术效率，市场份额影响市场绩效。Marco Bellandi 和 Maria J. Ruiz Fuensanta（2010）运用动态 SCP 范式，选取 1999 至 2004 年西班牙拉曼查区域的 45 个产业进行实证研究，证明了马歇尔产业区理论的现实适用性。Georgios E. Chortareas 等（2010）以拉丁美洲 1997－2005 年的 2500 家银行为研究对象，运用 SCP 范式和 X 效率假说分析，发现资本充足率是影响银行利润的最重要因素。Sumitra Naha 和 Malabika Roy（2011）运用面板回归研究印度企业资本结构对市场结构、市场行为、市场绩效的影响，结果表明财务绩效是影响企业短期和长期债务比率的关键驱动因素，当考虑到市场结构和市场行为时，债务期限结构显得更重要。市场行为影响短期和长期债务比率，但市场结构只在短期内影响债务比率。Olufemi A. Yesufu 等（2011）以尼日利亚西南部的肉鸡加工产业为研究对象，选取 2004－2006 年生产商和销售商的数据，用市场集中度、赫芬达尔指数衡量市场结构，用营销渠道衡量市场行为，用投资回报率衡量市场绩效，结果表明：市场中存在垄断现象，掠夺了市场的绝大部分利润，造成市场的低效率。Ariel Anthony 等（2012）运用 SCP 范式对美国篮球联赛（ABL）进行研究，发现除了电视转播收入和企业赞助之外，范围经济、双边垄断、反向因果关系也造就了这些联赛的成功。以上文献见表 1.3。

表 1.3 关于 SCP 范式应用研究主要国外文献汇总

	作者	年份	研究选题	研究对象
S C P 范 式 应 用 文 献	Davies · B	1996	The Structure, Conduct, Performance paradigm as applied to theUK hotel industry	英国旅馆业
	Annette N. Brown, J. David Brown	2001	Does Market Structure Matter? New Evidence using Exogenous Market Structure	俄罗斯产业
	Marcelo Resende	2007	Structure, conduct and performance: a simultaneous equations investigation for the Brazilian manufacturing industry	巴西制造业
	Saleem Shaik, AlbertJ. Allen, Seanicaa	2009	Market Structure Conduct Performance Hypothesis Revisited Using Stochastic Frontier Efficiency Analysis	美国运输业
	Marco Bellandi, Maria J. Ruiz-Fuensanta	2010	An empirical analysis of district external economies based on a structure-conduct-performance framework	西班牙拉曼查区域产业
	GeorgiosE. Chortareas, Jesus	2010	Banking Sector Performance in Some Latin American Countries: Market Power versus Efficiency	拉丁美洲银行业
	Sumitra Naha, Malabika Roy	2011	Product Market Competition and Capital Structure of Firms: The Indian Evidence	印度产业
	Olufemi A. Yesufu, Adeolu B. Ayanwale	2011	Structure, Conduct and Profitability of the Broiler Processing Enterprises inSouthwestern Nigeria	尼日利亚西南部的肉鸡加工产业
	Ariel Anthony, Steven B. Caudill, Franklin G. Mixon	2012	The political economy of women's professional basketball in theUnited States: A structure-conduct-performance approach	美国篮球联赛

2. 国内研究

纵观国内学者基于 SCP 范式的产业组织研究的成果，可以概括为两个方面：一是不加改造地运用 SCP 范式分析特定的产业组织；二是通过实证研究或理论推演，对 SCP 模型进行修正，用于研究特定的产业组织。

不加改造运用 SCP 范式分析特定的产业组织。主要有：李想、余敬（2003）研究 2002 年我国连锁超市行业与国外的比较，发现我国连锁超市行业市场集中度低、市场竞争激烈、企业扩张行为加剧、市场绩效有待改善。舒燕（2007）研究 2004 年我国医药制造业发现，存在市场集中度低、企业规模小、恶性价格竞争、创新研发能力弱等问题。唐柳、廖海波

15

（2008）研究我国金融服务外包业，得出市场集中度不高、进入和退出壁垒较高、差异化程度较低以及市场绩效不显著的结论。申夫臣、侯合银（2010）对我国科技企业孵化器产业进行分析，发现我国科技企业孵化器以完全事业型为主，依赖政府资助，不能够适应市场竞争。张大力（2011）研究 1992—2008 年汽车产业组织的国际比较后发现，我国汽车业产业集中度低、规模效应不显著、自主品牌和核心技术发展状况相对滞后、产能结构性过剩。成莹（2011）研究我国电子商务产业发现，市场集中度较高、进入退出壁垒较低、市场规模大。聂庆璞（2012）基于 SCP 范式研究我国网络游戏产业，发现网游市场集中度较高，市场结构较为稳定，但内部竞争比较激烈，同时网游产业不仅具有可观的经济效益，而且还带动许多相关产业的发展。钱晓君（2013）研究我国家具产业市场，发现市场集中度与市场绩效存在正相关关系。以上研究主要文献汇总见表 1.4。

表 1.4　关于 SCP 范式应用研究主要国内文献汇总

	作者	年份	研究选题	研究对象
S C P 范 式 应 用 文 献	李想、余敬	2003	中国连锁超市行业的 SCP 模式分析	连锁超市
	舒燕	2007	基于 SCP 框架的中国医药制造业产业组织研究	医药制造
	唐柳、廖海波	2008	SCP 框架下我国金融服务外包产业组织研究	金融服务外包
	申夫臣、侯合银	2010	基于 SCP 范式的我国科技企业孵化器产业发展分析	科技企业孵化器
	张大力	2011	基于 SCP 范式的中国汽车产业组织结构实证研究	汽车产业
	成莹	2011	中国电子商务产业的 SCP 理论分析	电子商务
	聂庆璞	2012	基于产业组织理论 SCP 范式的我国网络游戏产业研究	网络游戏
	钱晓君	2013	基于 SCP 范式的中国家具产业组织分析	家具产业

通过实证研究或理论推演试图建立符合实际的 SCP 范式。主要有：唐要家（2005）分析转型中的我国产业组织绩效时，提出拓展范式 SSCP 框架，并通过实证研究检验了这一框架的合理性。张耀辉等（2005）构造

出市场交易制度与市场结构共同影响市场绩效的修正 SCP 范式，并得到实证。李海舰、魏恒（2007）在传统的 SCP 范式中引入产品价值网络的概念，构建了一个新兴产业组织分析范式——"DIM"分析框架，从立体多维层面对现代产业组织问题进行全面研究。武音茜等（2008）依据投入产出方法和历史分析原理，提出动态 SCP 分析方法，研究我国国有大中型危机矿山企业体制改革。夏春玉、汪旭晖（2008）在传统 SCP 范式基础上引入政府规制因素，构造了"规制—结构—行为—绩效"的 R—SCP 分析框架，对中国零售业 30 年的变迁与成长历程进行全面考察。许书国（2009）将竞争性产业组织理论和垄断性行业规制理论进行融合，构建了针对具有一定竞争性的垄断性行业"R—SCP"的理论分析框架，分析我国移动通信产业市场。吴红光（2009）以改革开放 30 年来的零售业产业组织为研究对象，提出 $P_F CSPs$ 分析框架，研究我国零售业系统。邓念（2010）基于中国的房地产市场是在政府力量和市场力量双重作用下向前发展的，提出 G—SCP—E 研究范式。洪涛（2011）提出基于"结构—行为—绩效（SCP）"范式及"压力—状态—响应（PSR）"模型基础上的企业发展循环"驱动力—结构—行为—绩效（MSCP）"分析框架，对我国流通业进行较为全面的分析。韩磊（2013）基于我国电信业受到技术因素和政府管制因素的共同作用，提出 TRM（SCP）范式。李云龙（2013）基于我国光伏产业具有战略性、新兴性、公共性和无序性等特征，将金融和政策因素纳入 SCP 分析范式，提出了 F—SCP 范式。以上研究主要文献汇总见表 1.5。

表 1.5　关于 SCP 拓展范式应用研究主要国内文献汇总

	作者	年份	研究选题	研究对象
S C P 拓 展 范 式 应 用 文 献	唐要家	2005	竞争、所有权与中国工业经济效率	产业组织
	张耀辉等	2005	市场交易制度与市场绩效关系的实验经济学研究——对 SCP 分析范式的修正	产业组织
	李海舰、魏恒	2007	新型产业组织分析范式构建研究——从 SCP 到 DIM	产业组织
	武音茜等	2008	动态 SCP 分析方法及其应用	矿业

作者	年份	研究选题	研究对象
夏春玉	2008	中国零售业 30 年的变迁与成长—基于拓展的 SCP 范式的分析	零售业
许书国	2009	基于 R－SCP 理论框架下的我国移动通信产业市场分析	移动通信
吴红光	2009	改革开放 30 年我国零售产业组织演进—基于 SCP 范式的研究	零售业
邓念	2010	政府作用下的中国房地产市场理论与市政研究	房地产
洪涛	2011	中国流通产业的 MSCP 分析	流通业
韩磊	2013	我国电信业技术进步、绩效评价及管制政策研究	电信业
李云龙	2013	金融支持我国光伏产业发展的 F－SCP 范式分析	光伏产业

以上关于 SCP 范式及拓展范式的应用研究可以看出，国外学者应用 SCP 范式分析产业发展时间较早，多以经验研究为主，也相对成熟，这与发达国家市场经济体制有很大关系；国内学者 SCP 范式的应用研究经历了简单的直接运用到修正之后分析特定产业组织的这一过程，研究更具适用性，在以电信、房地产等传统寡头垄断行业和光伏等战略新兴产业为研究对象时，拓展的 SCP 范式具有更强的适用性。

总体来说，当前关于物联网产业组织的研究多为基础性研究，研究内容侧重于物联网产业链、物联网产业影响因素、物联网产业联盟和产业集群、物联网产业应用等某一方面，研究成果丰富但缺乏系统性，将产业组织动力、市场结构、市场行为和市场绩效结合起来的研究比较少。在研究方法方面，多以定性为主，缺少对物联网产业组织现状的定量分析。

物联网是国家当前重点发展的战略性新兴产业之一，在物联网产业快速发展的背景下，本研究在回顾相关文献的基础上，以物联网产业组织为研究对象，结合产业组织理论，拓展 SCP 范式，构建出本研究的"M－SCP"分析框架，通过实证分析和理论总结，探讨长三角区域物联网产业组织和一般关系，总结研究结论，发现存在问题，提出对策建议，给出经验与启示。

三、概念界定与理论基础

(一) 物联网的概念及其应用

国际电信联盟（ITU）在其发布的《ITU 互联网报告 2005：物联网》中正式提出物联网的概念。物联网（Internet of Things，简称 IOT）是指通过装置在各类物体上的电子标签（RFID）、传感器、二维码等，经过接口与无线网络相连从而给物体赋予"智能"，实现人与物体的沟通，也可以实现物体与物体互相间的"对话"。这种将物体联接起来的网络被称为物联网[①]。总之，物联网是实现物体智能化识别、定位、跟踪、监控和管理的一种网络。

物联网的核心基础是互联网，是互联网的延伸和扩展，物联网超越了传统互联网人与人之间的通讯连接，拓展了物与物之间的沟通连接，从而实现了物与物的信息自动化。物联网通过识别技术、传感技术等先进信息手段的应用，能使客户群通过互联网主动进行信息交换。物联网不仅要实现人物间的信息智能化，还要实现物物间的信息智能化。从服务对象看，物联网的客户群有二类，一是面向人的客户群，主要指公众、政企和家庭；二是面向物的客户群，主要指动物和器物。物联网客户群的具体分类如表 1.6 所示。

表 1.6   物联网客户群分类

类型	具体内容
公共服务	政府海关、消防防灾、水电煤气、公共设施等
社会服务	广播影视、医疗救助、体育场馆、文化团体等
商业服务	旅游娱乐、餐饮服务业、银行保险、广告证券等
企业集团	油田矿井、农林牧渔、房地产等

---

① ITU Strategy and Policy Unit（SPU）. ITU Internet Reports 2005：The Internet of Things. Geneva：International Telecommunication Union（ITU），2005

类型	具体内容
贸易运输	公车出租、邮政快递、仓储物流，水陆航空等
大型活动	展销会、博览会、运动会、大型会议等
家庭用户	家庭成员、大众社团、私人娱乐部等
动物器物	移动物、静止物

从网络结构看，物联网主要由支撑层、感知层、传输层、网络层和应用层组成。基于应用层的角度，可以将物联网看作是智能化管理、自动化控制、信息化应用的综合体。物联网的主要应用类型如表 1.7 所示。

表 1.7 物联网的主要应用类型

应用分类	典型应用
数据采集	远程抄表、公共停车场、仓储管理、产品质量监管、货物信息跟踪等
环境监控	医疗监控、危险源监控、数字城市、家居健康、智慧校园、智慧电网等
日常便利	手机支付、智能家居等
定位监控	车辆定位监控等

（二）物联网企业及其分类

1. 物联网企业认定

物联网企业的认定，国外通常的做法是在产业认定的基础上，根据企业所属的产业属性和企业所属的业务范围等条件进行认定。按照这一标准，计算机制造业、仪器仪表制造、网络通信服务、软件服务等与物联网技术相关的部分传统企业都可划分到物联网企业类别中。在我国，国家中央机关并未对物联网企业进行相关认定，但无锡作为我国物联网产业发展的先驱，对物联网企业进行了全新的认定，认为物联网企业是指"在感知层上具有信息传感、射频识别（RFID）、红外感应器、全球定位系统、激光扫描器等信息传感和识别功能的产品（技术）；在网络层上实现信息通信和传输的产品（技术）；在应用层上进行信息处理和各种应用的产品（技术）的范围内，能够进行研究和开发，拥有企业核心自主知识产权，并以此为基础开展经营活动，注册 1 年以上并有实际的产品（技术）研发或生产行为或技术服务的企业或事业单位"。总之，物联网企业是指在财富创造过程中，大规模运用物联网技术的企业。

物联网企业实质就是开发、生产、销售、应用物联网产品（技术）的盈利性市场主体。它具有以下三大主要特征：

（1）物联网企业属于高技术企业类型，具备高技术企业所拥有的一般企业特征，如知识密集、高创新、高投入、高风险、高收益等多高特性。

（2）物联网企业创造的产品（技术）是以物联网技术为依托，物联网企业生产的产品和提供的服务应具备物联网的特性，如终端的多样化、感知的自动化、智能化等多种特性。

（3）物联网企业与物联网产业相挂钩，主要涵盖第二产业中的通信设备、计算机及其他电子设备制造业、仪器仪表及文化办公用机械制造业，第三产业中信息传输、计算机服务和软件业、科学研究技术服务和地质勘查业，零售业中的家用电器及电子产品专用零售以及批发业中的机械设备、五金交电和电子产品批发等几大行业。

2. 物联网企业分类

物联网企业本身是一个集合的概念，虽然国家专门制定了统一的产业门类，但系统繁杂、层次较多，很难用统一的标准将其准确严格分类。为了研究的方便，根据物联网企业发展的实际情况，从两个视角对其进行类别划分。

基于网络框架角度，物联网企业可划分为支撑层企业、感知层企业、传输层企业、平台层企业和应用层企业五大类，每一类业态功能不同，其企业归属的类别也不同，具体见表1.8。

表 1.8　基于网络框架角度划分的物联网企业类型表

企业类型	主要功能	具体企业举例
支撑层企业	主要为整个物联网体系提供共性技术支持，以及为物联网技术产业化提供基于共性技术的测试、生产平台	恒和大风、国家电网、昆山双桥、斯沃软件、深联科技、桑锐电子、卫士通、八百通等

企业类型	主要功能	具体企业举例
感知层企业	物联网体系对现实世界进行感知、识别和信息采集的基础性物理网络，产业领域主要包括传感器、RFID、定位系统等	沈阳友联、东软集团、航天金卡、大唐电信、亿创网安、合众思创、汉威电子、银江股份、东信和平、珠海亿达、远望谷等
传输层企业	主要依靠传感网与已有通信网络的相互融合来实现，产业领域包括光纤光缆、光器件、各类通信设备等	中天科技、上海贝尔、烽火通信、日海通信、迈普通信、通鼎光电、高意科技、中兴、华为等
平台层企业	主要功能是承载各类应用并推动其成果的转化，产业领域主要包括计算中心和支撑软件等	航天信息、时代凌宇、中科红旗、曙光信息、南瑞集团、世全智维等
应用层企业	主要功能是利用经过分析处理的感知数据，为用户提供丰富的特定服务，以实现智能化识别、定位、跟踪和监控等	物联网应用层企业广泛，涉及医疗、教育、交通、物流、家庭等多个范围

基于物联网产业角度，将物联网企业划分为物联网制造型企业和物联网服务型企业两大类，物联网制造型企业指生产物联网技术所需的计算机、感知设备等相关产品的活动集合；物联网服务型企业是指提供物联网网络或应用等服务活动的集合，并按照物联网的相关活动划分为各小类，具体见表1.9。

表1.9 基于产业角度划分的物联网企业类型表

企业大类型	企业小类型	功能说明	相关上市公司举例
物联网制造型企业	芯片封装制造	从事集成电路芯片方面的生产	上海贝岭、士兰微、通富微电、长电科技、华天科技等
	传感器制造	从事 M2M 等终端传感器设备的生产	华东科技、歌尔声学、大立科技、航天机电、大华股份等
	RFID制造	从事电子标签等采集和识别设备的制造	新大陆、远望谷、高鸿股份、厦门信达、同方股份、东信和平等
	其他通信设备制造	包括物联网通信模块和通信传输设备的制造	烽火通信、中天科技、亨通光电、中兴通讯、光迅科技、三维通信等

企业大类型	企业小类型		功能说明	相关上市公司举例
物联网服务型企业	云计算服务		提供与物联网海量数据处理相关的云计算服务	浙大网新、神州泰岳、综艺股份、海隆软件等
	网络通信服务		提供电信传输、有线、无线互联网和相关服务	中国联通、中国电信、中国移动、国家电网等
	物联网行业应用服务	智能交通	涉及交通系统，从事智能交通方面业务	川大智胜、亿阳信通等
		智能建筑	涉及智能建筑，从事建筑设计、构建业务	泰豪科技、同方股份、延华智能等
		智慧医疗	涉及医疗系统，从事医疗软件支持等业务	长城信息、东软集团等
		智慧能源	涉及能源系统方面，从事电力系统软、硬设备业务	远光软件、东方电子、长城开发等
		智慧金融	涉及金融和保险系统，从事电子金融等业务	恒生电子、广电运通、御银股份、用友软件等

（三）物联网产业的形成

物联网被看作是继计算机互联网之后的第三次全球信息产业浪潮，被称为是"下一个万亿级的通信业务"①。未来几年，全球物联网市场规模将出现快速增长，据分析报告，2007 年全球市场规模达 700 亿美元，2008 年达 780 亿美元，2012 年超 1400 亿美元，年增长率近 20%②。据赛迪顾问研究显示，2010 年，国内物联网产业市场规模达 2000 亿元，2016年市场规模将达 7500 亿元，预计到 2020 年市场规模将达 28000 亿元，年复合增长率超 30%，市场前景将超过计算机、互联网和移动通信业务市场③。

针对新一轮的信息产业浪潮，各主要发达国家都将"物联网"纳入国家经济社会发展的重要战略性规划之中，希望能够在下一代信息科技革命中抢占市场先机，2009 年，主要发达国家分别提出国家物联网发展战略，

---

① 王建宙．从互联网到物联网．人民日报，2009－08－24（A12）
② CERP－IOT. Internet of Things－Strategic Research Roodmap . http：//docbox. etsi. org
③ 余周军．中国物联网产业发展现状及展望．赛迪顾问在线，http：//blog. sina. com . cn

如美国的"智慧地球"、欧盟的"欧洲物联网行动计划"、日本的"I—Japan战略 2015"、韩国的"物联网基础设施构建规划"和中国的"感知中国"。

物联网从概念到产业，只有短短的几年时间直接进入商业应用，物联网产业链形成。物联网产业链的 4 个环节——标志、感知、处理和信息传输，分别应对射频识别、传感器、智能芯片和无线传输网络 4 个领域的技术。物联网产业链的基本构成，如图 1.1 所示。

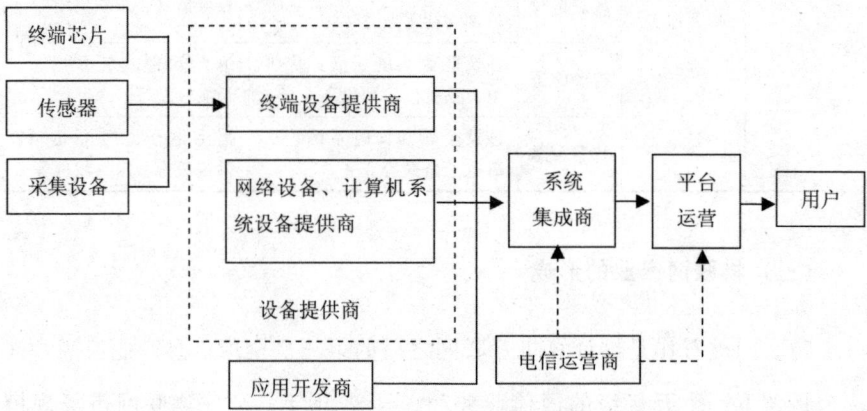

图 1.1　物联网产业链的基本构成

物联网产业的发展，具有明显的带动效应：带动半导体材料、精密机械、芯片及封装、能源等技术的发展；促进光纤光缆制造、无线传输、卫星通信和定位、网络融合、搜索服务、软件服务以及信息安全等服务的发展；促进存储媒介、服务器、交换机、云计算、分级智能处理、数据库等硬件设备的升级换代；带动系统集成、业务模式和制造模式创新。

《物联网 2020》报告中分析指出，物联网产业的发展将经历 4 个阶段：2010 年之前射频识别被广泛应用于物流、零售和制药领域；2010 年至 2015 年，实现物体互联；2015 至 2020 年，物体进入半智体化；2020 之后，物体进入全智能化[1]。

---

[1]　杨烨，文婧．物联网未来生活现身苏州移动．经济参考报，2010—6—24（03）

我国工信部 2011 年 2 月 15 日正式公布《物联网"十二五"发展规划》,"十二五"时期是我国物联网由起步进入产业规模发展阶段,物联网的发展将提升传统产业的经济附加值,促进经济发展方式转变和产业结构调整,并将显著提升人们的生活质量和水平。目前,我国极力结合物联网特点,在突破关键共性技术的同时,研发和推广应用技术,加强行业和领域物联网技术解决方案研发和公共服务平台建设,以应用技术为支撑突破商业模式创新。

(四) 物联网产业组织

产业是指具有某种同类属性的企业经济活动的集合。它既涵盖了提供有关产品或服务的全部专业化企业,又包括多角化企业中相应产品或服务的生产企业。相应地,所谓产业组织,是指一个产业组成的方式与结构,主要表现为同一产业内企业之间的利益关系、资源占用关系、交易关系和行为关系[①]。产业组织实际上反映的是一个产业内企业之间竞争的具体形态、过程、特征及效果。

就产业和产业组织的研究目的和范围而言,该产业组织的定义属于狭义界定,不足之处在于:其一,它没有包容同一市场上企业间的非市场关系;其二,它基本上把非同一市场上的企业间的关系也排除在研究领域之外。在现实经济中,对特定产业而言,产业链上中下游各环节企业之间存在着重要的合作或竞争关系。因此,产业组织的界定应该有新的拓展。

本研究将物联网产业组织界定为一群企业之间的竞争或合作的关系结构,这些企业因围绕着某一种特定产品的生产与提供而处在该产品价值链的不同节点上。显然,拓展后的物联网产业组织包括产品价值链相同节点上企业之间的资源竞争关系和产业价值链不同节点上企业之间的互补性合作关系。

---

① 史东辉. 产业组织学. 上海:上海人民出版社,2010:3—5

（五）产业组织理论演进

产业组织理论主要研究不完全竞争条件下的市场结构、市场行为和市场绩效及其内在的关系问题，用以解释产业组织的内在规律性，为维持合理的市场秩序和经济效率提供依据和政策建议。西方产业组织理论的演进主要经历了哈佛学派、芝加哥学派和新产业组织学派等过程，见表 1.10。其演进实质是对 SCP 范式的不断改造和完善的过程。

表 1.10 西方产业组织理论的主要流派

学派名称	年代	代表人物	理论基础	方法论	研究重点	主要观念	政策主张
哈佛学派	20 世纪 30—60 年代	梅森、贝恩、谢勒等	信息完全、垄断竞争理论	价格短期均衡分析实证研究	市场结构	结构主义	政府干预市场结构、分拆垄断企业
芝加哥学派	20 世纪 70—80 年代	斯蒂格勒等	自由主义、信息完全、可竞争市场理论	价格长期均衡分析	市场绩效	绩效主义政府管制俘获理论	政府放松管制，重点协调大企业的价格行为
新产业组织学派	20 世纪 80 年代	泰勒尔等	信息不完全、激励机制理论	博弈论和信息经济学	策略性行为	厂商行为主义	针对大企业的反垄断政策和激励性政府管制

1. 哈佛学派

20 世纪 30 年代至 60 年代，以梅森（Mason）、贝恩（Bain）、谢勒（Scherer）为代表的哈佛学派创立了传统产业组织理论，以实证研究为手段，以价格理论为基础，构建了既有系统逻辑体系又能深入具体环节的 SCP 范式。

哈佛学派认为，产业组织理论是由市场结构、市场行为、市场绩效和政府产业政策组成。其中，市场结构决定企业的市场行为，而市场行为又决定企业的市场绩效，如图 1.2 所示。为了获取理想的市场绩效，需要通过产业组织政策来调整和改善不合理的市场结构。

市场结构 ⟶ 市场行为 ⟶ 市场绩效

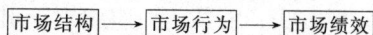

图 1.2　哈佛学派的 SCP 范式

2. 芝加哥学派

20 世纪 60 年代后期至 80 年代初，以斯蒂格勒（Stigler）、德姆塞茨（Demsetz）、布罗曾（Brozem）等为代表的芝加哥大学学派，以传统价格理论和自由主义传统为武器，深刻评判了哈佛学派的结构主义观点和政府干预的政策。芝加哥学派特别重视生产效率和技术效率对市场结构的决定作用，又被称为"效率主义学派"。

芝加哥学派研究认为，短期内市场的垄断势力和不完全竞争会影响市场绩效的现象是暂时的。如果不存在政府干预，高市场集中度产生的高利润就会吸引大量的新企业进入，会打破原来的垄断。因此，长期内市场是可以实现竞争的均衡状态。据此，芝加哥学派认为，市场绩效通过市场行为决定了市场结构。如图 1.3 所示。

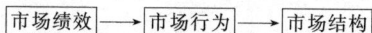

市场绩效 ⟶ 市场行为 ⟶ 市场结构

图 1.3　芝加哥学派的 SCP 范式

3. 新产业组织学派

20 世纪 80 年代以来，以泰勒尔（J. Tirole）等为代表的经济学家，将博弈论、信息论和新制度经济学等分析方法引入产业组织学领域，引起了产业组织理论的深刻变革，称为"新产业组织理论"。

与传统产业组织理论相比，新产业组织理论具有以下特点：第一，在研究对象上，由结构主义转向行为主义。传统产业组织理论主要研究市场结构和市场绩效之间的关系，新产业组织理论主要研究企业行为。第二，在研究视角上，由单向、静态研究转向双向、动态研究。传统产业组织学在研究企业行为时只考虑企业自己独立的行为及其产生的结果，而新产业组织理论注重企业行为的相互影响的过程。第三，在研究方法上，从实证分析转变为理论研究。传统产业组织理论注重经验研究和实证研究，一般采用计量方法和案例分析方法，而新产业组织理论引入博弈论方法，以理论模型的构建和求解为主。

因此，新产业组织学派认为，市场结构决定市场行为和市场绩效；市场行为同样会影响市场结构；市场绩效同样会对市场行为和市场结构产生影响；市场结构、市场行为、市场绩效三者之间是一个动态的相互影响的关系。如图 1.4 所示。

图 1.4　新产业组织学派的 SCP 范式

四、研究方法与 M－SCP 范式构建

（一）研究方法

本研究需要运用多种研究方法，通过定量和定性相结合的方法对涉及的衡量指标进行具体分析，得出具有一定理论价值和实践意义的结论。具体研究方法如下：

1. 文献资料分析法

学术期刊、统计年鉴、行业报告、上市公司数据、网络资料等为本研究提供了大量有价值的信息，通过对这些文献资料的全面阅读、整理、归纳、总结，形成了关于我国物联网产业组织多层面的比较系统科学的认识。

2. 实证分析与规范分析相结合的方法

实证分析表现在运用大量的统计数据对物联网产业组织的驱动力、市场结构、市场行为和市场绩效等四个方面的相应衡量指标分别进行具体分析，以考察经济活动"实际是什么"的问题。在此基础上，针对物联网产业组织中存在的问题提出对策建议，以及对珠三角、环渤海等区域的启示意义，回答了经济活动"应该是什么"的研究目的。

3. 宏观研究与微观研究相结合的方法

在研究物联网产业组织市场行为时，从微观层面切入，分析价格策略、创新行为、广告行为、组织结构调整等，在提出对策建议时，则立足于宏观层面的分析。这种宏观和微观相结合的研究方法，意义在于从微观研究中抽象理论基础，从宏观研究中提出指导微观行为的理论方案。

4. 多学科交叉研究的方法

本研究涉及多个关联学科，将产业组织学、组织行为学、区域经济学、微观经济学、企业管理学等学科交叉融合，深入探讨物联网产业组织的特征、形态、市场、成长等一系列问题。

（二）SCP 范式原理及评价

1. SCP 范式原理

现代主流产业组织理论的 SCP 分析框架是由谢勒在贝恩两阶段的基础上发展而成的，新产业组织理论又将单向 S→C→P 的关系修正为双向关系[①]。S、C、P 之间的相互关系和影响因素的研究是现代产业组织理论研究的重要组成部分。市场结构决定了企业的市场行为，而市场绩效则是对市场行为的评价结果，同时市场行为对政府政策有直接影响作用。政府通过管制、反垄断、税收与补贴等政策，对改善产业基本条件，调整市场结构，限制企业市场行为，提高企业市场绩效等起着积极的作用。

具体来说，SCP 分析框架的主要内容有：（1）SCP 分析框架所涉及的基本环节有五项，包括市场结构、市场行为、市场绩效以及产业的基本条件、政府政策。其中，所谓产业的基本条件，通常是产业内供求两方面所存在的一系列特性，并且这些特性对产业组织有着不容忽视的影响。（2）市场结构是市场行为的决定因素；在一个给定的市场结构中，市场行

[①] 卡尔顿，佩洛夫. 现代产业组织. 北京：中国人民大学出版社，2009：4-5

为又是市场绩效的决定因素。（3）产业的一系列基本条件对市场结构和市场行为均有着重要的影响。例如，规模经济较为显著的产业往往容易导致较高程度的生产集中。（4）产业的基本条件、市场结构、市场行为、市场绩效以及政府政策之间的影响是互逆的，特别是市场行为对市场结构、市场绩效对市场行为往往有着重要的影响。

2. SCP 范式评价

SCP 范式以市场结构、市场行为、市场绩效以及三者之间的逻辑关系为着眼点，考虑了许多可控的影响因素，是研究产业组织最基本的、较有说服力的经济分析方法。但是基于以下二个原因，SCP 范式具有一定的缺陷和局限性。

首先，SCP 范式应用的基本假设是具备完善的市场经济体制，而且企业进行生产活动的目的是追逐利润。而我国市场经济体制实际上是由追求利润最大化的非国有企业和追求非利润最大化的国有企业组成的"混合经济"体制。这种体制与完善的市场经济体制还存在一定差距。

其次，对于战略性新兴产业而言，由于其关乎国家的未来发展，政府通常会运用各种经济手段和政策工具，规划、引导、干预产业的形成及发展。即使产业形成初期，企业的效率较低，市场结构也无法决定企业的全部行为，而政府通过税收与补贴、投资激励等措施提供产业发展动力，从而提高企业效率和社会福利。因此，对于战略性新新兴产业而言，动力机制是产业发展的主因，"SCP"范式的应用受到较大的限制。

虽然 SCP 范式存在一定的局限性，但它仍是研究产业组织问题的重要方法之一。与其他仅考虑产业自身的方法相比，SCP 范式具有以下优点：

第一，适用于跨部门分析。所谓跨部门分析，是指在采集多个产业样本的基础上，通过数据的统计处理和分析，揭示某项市场绩效指标与市场结构和市场行为因素之间的关系，继而从市场结构和市场行为的角度解释导致该项市场绩效指标存在差别的原因。显然，较之采用单个产业乃至企业的案例研究方法而言，这一方法可以对不同产业的具体形态加以抽象，从而使产业组织理论旨在揭示的一系列普遍性和各因素之间的一般关系得到更为客观的描述和验证。

第二，高度关注市场绩效。首先，非常强调市场绩效评价的必要性。对作为结果或"效应"的市场绩效做出评价，是 SCP 范式的一项惯例。其次，努力探索"好的"市场绩效标准。按照 SCP 范式分析的基本思路，这种"好的"市场绩效标准，也往往不局限于市场绩效的范畴，还广泛涉及市场结构和市场行为的规范性判断。

通过回顾 SCP 范式在国内外的应用和发展情况发现，即便是在一个基本条件与 SCP 范式假设前提并不一致的情境中，只要稍加拓展，引入新的分析因素，它所阐释的理念仍然适用于分析和研究相当多的产业组织问题。因此，SCP 范式应该在实践中被修正为适用于不同微观经济基础和产业特征的范式，以增强对产业组织问题的解释能力。

（三）物联网产业组织的"M-SCP"范式

1. "M-SCP"范式来源

"M-SCP"范式是由北京工商大学洪涛教授在 2011 年研究中国流通业时提出的，是基于"结构-行为-绩效（SCP）"范式及"压力-状态-响应（PSR）"模型基础上的企业发展循环"驱动力-结构-行为-绩效（MSCP）"的分析框架[①]。其中，SCP 范式是研究产业组织较有说服力的方法，是传统产业组织理论的核心内容；"压力-状态-响应（Pressure-State-Response，PSR）"模型最初是由加拿大统计学家 Rapport 和 Friend（1979）提出后，在 20 世纪 80 年代经过联合国规划署（UNEP）和经济合作与发展组织（OECD）共同发展起来的用于研究环境问题的框架体系，是评估资源利用和持续发展的模式之一。按系统结构的分析方法，洪涛教授开发了基于指数法的分析方法，见表 1.11。

---

① 洪涛 . 物联网经济学 . 北京：中国铁道出版社，2011：10-21

表 1.11 "M－SCP"分析范式一览

驱动力 M	企业外部结构	政策法规
		经济压力
		社会期望
		自身成长需要
市场结构 S	企业内部结构	资本构成
		组织结构
		产品特征
	企业区域结构	政府类型
		市场开放程度
		社会文化发展
企业行为 C	企业行为结构	纯经济投资
		生产运营
		环境治理与技术改造
		其他社会责任行为
企业绩效 P	企业绩效结构	经济绩效
		环境绩效
		社会绩效

2. 物联网产业组织"M－SCP"范式的构建

物联网产业是复合型产业,主要包括服务业和制造业两大范畴,其发展涉及到无线射频识别产业、传感器产业、通信设备制造产业、公共通信网和互联网产业在内的工业与信息服务产业等相关细分产业,与传统产业相比,具有综合性强、关联度高、技术性复杂等特点,适合 SCP 范式所崇尚的跨部门经验性研究。

作为战略性新兴产业,物联网产业组织的发展受到企业资源、产业链资本、政府政策、市场环境等动力因素的影响,需要对"SCP"范式进行修正,加入驱动力因素,从而可以更好地研究物联网产业组织。曹自立(2012)基于波特钻石理论模型,采用因子分析法实证研究认为,企业资源、产业链资本、政策环境、市场环境是物联网产业组织发展的四大主要驱动因素,并给出具体的分析指标,见表 1.12。

表 1.12 物联网产业组织驱动因素

物联网产业组织驱动因素	内部因素	企业资源	高新技术人员
			关联企业规模
			科研基础水平
		产业链资本	科研项目基础
			科技研发力度
			科研创新氛围
			关联产业基础
			资金支持力度
	外部因素	政策环境	政府政策规划
		市场环境	地区经济基础
			物联网应用

　　考虑到数据的可获得性和有效性，本研究采用洪涛和曹自立的研究成果修正过的分析框架。即 "M－SCP" 分析范式的产业组织逻辑，如图1.5 所示。其中实线表示一种单向决定关系，虚线表示某种反作用或间接影响关系。

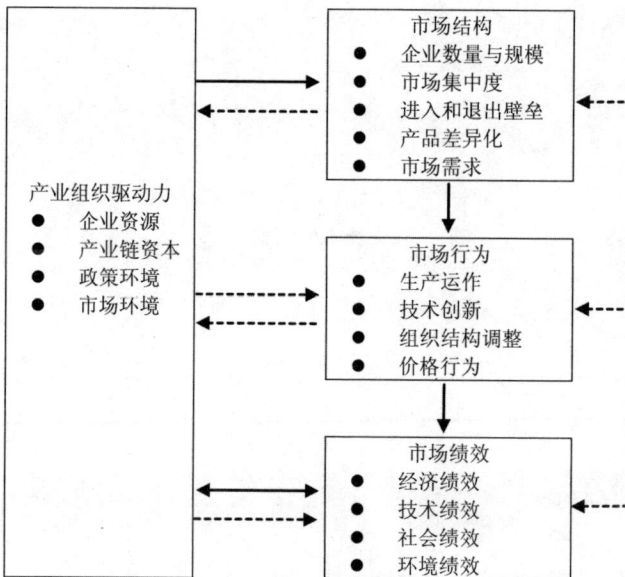

图 1.5　物联网产业组织 M－SCP 分析框架

　　由于市场经常处于不均衡状态，因此"M−SCP"范式是一个动态的产业组织分析范式。在物联网产业发展初期，政府政策、技术创新等产业组织驱动力对新兴产业而言，具有更重要的作用，因为它们可以解决产业发展初期遇到的资金短缺、技术支持等问题，这时产业组织驱动力机制起着主导作用，"SCP"范式为辅助作用。当物联网产业发展处于成长期，产业组织驱动力机制形成，一方面产业组织驱动力在维持竞争性的市场结构和市场行为方面仍具有重要作用，另一方面，市场竞争、互利合作等因素对市场绩效的影响较为明显，"SCP"范式和产业组织驱动力机制并重。当物联网产业完全成熟，市场机制作用就充分发挥出来，此时理论就演变为"SCP"为主，驱动力机制为辅。

第2章 物联网产业组织的 M
——驱动力分析

一、物联网产业发展概况

（一）世界物联网产业的演进历程及现状

1. 世界物联网产业的演进历程

从物联网理念的兴起，到全球性的发展热潮，物联网的发展经历了二十年的历程。总体来说，可以概括为以下几个阶段：

（1）物联网萌芽期：1995—2005 年

1995 年，比尔·盖茨在其撰写的《未来之路》中首次提到物联网。1999 年，美国麻省理工学院 Auto－ID Center 提出物联网的概念。物联网技术最早应用于军事领域，2002 年美国陆军就要求所有进入所辖战区的物资，必须贴上 RFID 标签。这样，美国的后勤补给可以获得更快捷、更精确的信息，大大缩短了平均补给时间。

（2）物联网发展期：2005—2008 年

2005 年 11 月，在信息社会世界峰会（WSIS）上国际电信联盟（ITU）正式提出了"物联网"的概念。随后，欧洲智能系统集成技术平台、欧盟第七框架下 RFID 和物联网研究项目组等机构也对物联网的概念进行了界定，物联网的概念逐渐由萌芽走向清晰。2004 年，日本总务省提出"u－Japan"构想，韩国政府制定了"u－Korea"战略。物联网的概念开始由理念逐步上升到国家战略，并引起世界范围内的广泛关注。

（3）物联网高潮期：2008年至今

2008年11月，美国总统奥巴马将"智慧地球"提升到国家发展战略，并随后出台《经济复苏和再投资法》，针对上述战略建议加以具体实施。2010年至2011年，美国联邦先后颁布了关于政府采用云计算的政府文件以及《联邦云计算策略》白皮书，加大云计算的应用和发展。

2009年6月，欧盟委员会提出物联网行动方案，明确表示在技术层面给予大量资金支持。同年9月，欧盟第七框架RFID和物联网研究项目组发布《物联网战略研究路线图》研究报告，明确欧盟到2010年、2015年、2020年三个阶段的物联网研究路线图，同时罗列出12项物联网关键技术以及18个重点应用领域。同年11月，欧盟委员会发布《未来物联网战略》，计划在物联网基础设施发展上引领全球。2010年，欧盟第七框架计划（FP7）发布"2010年工作计划"，确立了2011至2012年期间ICT领域需要优先发展的项目。

2009年7月，日本发布《i－Japan战略2015》，聚焦发展电子化政府治理、医疗健康信息服务、教育与人才培育3大公共事业，致力于打造数字化社会的战略。2010年5月，日本总务省发布"智能云研究报告书"，制定了"智能云战略"。

2009年10月，韩国通信委员会出台《物联网基础设施构建基本规划》，明确物联网市场作为经济增长动力的定位。从2010年初开始，韩国政府相继出台RFID/USN等相关政策。2011年5月发布的《云计算扩散和加强竞争力的战略计划》，提出大力培育云计算产业。

2009年8月，时任中国总理温家宝在无锡考察传感器产业发展时，明确指示要早一点谋划未来，早一点攻破核心技术，并且明确要求尽快建立中国的传感信息中心，即"感知中国"中心。

各国政府重视物联网，推动着物联网的快速发展，使物联网成为信息技术产业的第三次信息化浪潮。回顾物联网的过去，物联网的发展经历三大阶段：一是先导应用阶段，二是全面推广应用、产业高速增长阶段，三是深化应用、有显著经济外部性的阶段。

2. 世界物联网产业现状

物联网应用主要以 RFID、传感器、M2M 等应用项目为主，大部分是试验性或小规模部署的，覆盖国家或区域性的大规模应用较少。据 IDTechEx 预测，在物联网核心产业中，2012 年传感器全球市场规模突破 800 亿美元，其中与传感器节点和传感器网络设备相关的产业规模较小；RFID 市场总额达 76.7 亿美；M2M 服务市场规模为 43 亿美元[①]。物联网相关支撑产业例如嵌入式系统、软件等本身均有亿万级美元规模，目前物联网发展而创造和衍生的新增市场规模并不大，真正意义上的社会化、商业化物联网服务尚在起步阶段。从总体上看，2007 年全球物联网市场规模达 700 亿美元，2008 年达 780 亿美元，2012 年超过 1700 亿美元，至 2016 年将超 3500 亿美元。如图 2.1 所示。

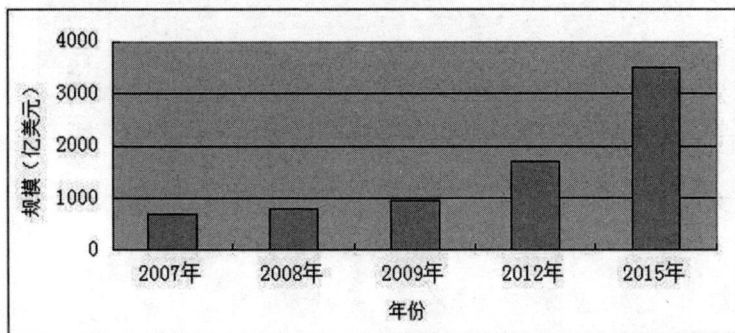

图 2.1　2007－2015 年全球物联网市场规模发展趋势

(数据来源：网舟咨询)

(1) 信息感知领域

传感器。全球传感器市场正以快速的方式实现增长。据英泰诺咨询公司 (Intechno Consulting) 的市场调查显示，2010 年全球传感器市场突破 600 亿美元，并且以 8％以上的年均增长率持续稳定发展。其中，传感器

---

① 物联网发展现状和趋势．http：//www.tfcoal.com/Article

市场增长最快的区域集中在东欧、亚太区和加拿大，而传感器市场分布最大的国家依然是美国、德国、日本[①]。

传感器市场已表现出成熟市场的特征，其中流量传感器市场、压力传感器市场、温度传感器市场，2011 年的市场规模分别占整个传感器市场的 21%、19% 和 14%。无线传感器、MEMS 传感器、生物传感器等新兴传感器是传感器市场主要增长点。其中，在 2007－2011 年无线传感器复合年增长率超过 25%[②]。

RFID。从全球市场规模看，2010 年 RFID 进入飞速发展阶段。在经济复苏的推动下，全球 RFID 实现持续升温，并呈现上升趋势，如图 2.2 所示。目前 RFID 技术正处于迅速成熟时期，许多国家将 RFID 作为一项重要产业予以积极推动。

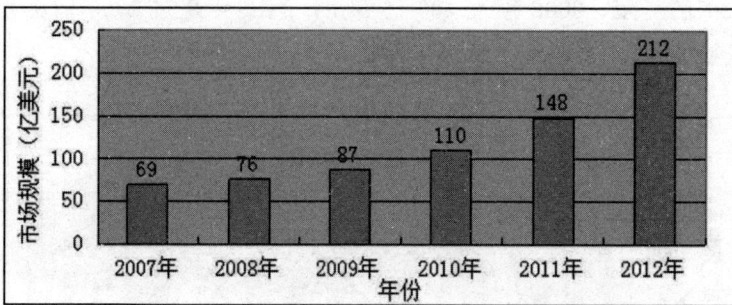

图 2.2　2007－2012 年全球 RFID 市场规模

(数据来源：诺达咨询)

从全球市场格局看，目前 RFID 产业主要集中在 RFID 技术应用比较成熟的欧美市场。未来全球 RFID 市场主要集中在欧洲、北美和东亚区域。根据 IDTechEx 统计，2011 年全球 RFID 市场规模达 28.1 亿美元，预计到 2021 年总体规模将达 2427 亿美元。具体情况，见表 2.1。

---

① 全球传感器市场正呈现出快速增长态势 . http：//www. liuti. cn/News
② 全球传感器市场在不断变化中创新 . http：//www. gongkong. com/webpage

表 2.1　2011－2021 年全球 RFID 产业区域市场规模统计表（单位：亿美元）

区域 年份	2011 年	2016 年	2021 年
北美	12.2	45.2	446
东亚	6.8	89.1	1471
欧洲	8.1	41.5	402
其他	1	8	108
合计	28.1	183.8	2427

［数据来源：IDTechEx］

（2）信息传输领域

移动通信。全球移动通信设备市场持续扩大，为本行业企业创造了广阔的发展空间。根据中国信息产业网的数据，2008－2013 年全球移动通信设备市场规模如图 2.3 所示。

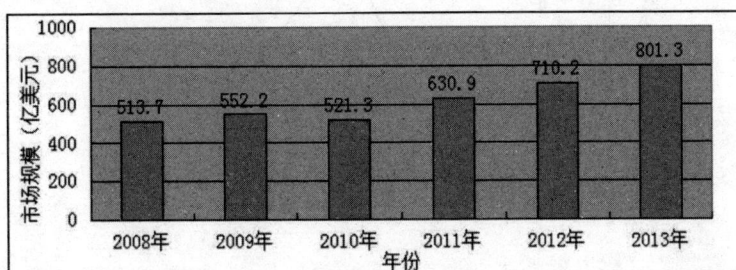

图 2.3　2008－2013 年全球移动通信设备市场规模

（数据来源：中国信息产业网）

就无线通信设备而言，从全球产业格局看，目前无线通信设备产业主要集中在技术应用比较成熟的欧美市场。未来全球无线通信设备市场仍将集中在欧美区域。根据《世界电子数据年鉴》估计，2013 年全球无线通信设备市场规模达 3047.54 亿美元。具体情况，见表 2.2 所示。

表 2.2　2007－2013 年全球无线通信设备产业分区域市场规模统计表（单位：亿美元）

区域 年份	2007 年	2008 年	2009 年	2010 年	2011 年	2012 年	2013 年
欧洲	459.16	475.78	391.68	398.76	414.05	428.8	443.14
北美	1010.92	1065.75	1016.74	1056.61	1095.83	1139.67	1185.25

年份 区域	2007 年	2008 年	2009 年	2010 年	2011 年	2012 年	2013 年
新兴	311.92	343.41	350.72	394.21	424.92	464.92	502.49
其他	703.3	758.69	726.93	769.42	815.56	865.51	916.66
全球	2485.3	2643.69	2486.07	2619	2755.2	2898.9	3047.54

（数据来源：The Yearbook of Word Electronic Data）

网络通信。就以太网交换机产业而言，由于全球经济的不确定性、欧洲经济疲软和公共部门开支减少等原因，2012 年以太网交换机市场出现温和增长。据 Infonetics Research 发表的研究报告称，2012 年全球以太网交换机销售收入增长 4.7％，市场规模达 198 亿美元。如图 2.4 所示。

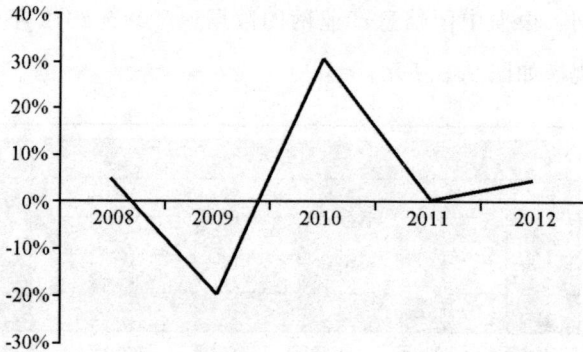

图 2.4　2008－2012 年全球以太网交换机市场年收入增长率

（数据来源：中国信息产业网）

就路由器产业而言，2012 年全球企业路由器市场销售收入为 35 亿美元，比 2011 年减少 3％。但是，2012 年企业路由器出货量增长了 5％。由于折扣回到正常水平和购买者寻求 3 层交换机和更高速度的端口等更高价值的产品，Infonetics 预测未来几年全球交换机市场将会更健康地增长。

电信软件及系统集成。从全球产业格局看，目前电信设备产业主要集中在技术应用比较成熟的欧美市场。根据《世界电子数据年鉴》估计，2013 年全球电信设备市场规模达 931.2 亿美元。具体情况，见表 2.3 所示。

表 2.3　2007—2013 年全球电信设备产业分区域市场规模统计表（单位：亿美元）

区域 ＼ 年份	2007 年	2008 年	2009 年	2010 年	2011 年	2012 年	2013 年
欧洲	217.35	225.74	181.22	182.68	188	192.89	197.53
北美	294.17	297.5	281.27	288.16	284.17	300.53	306.76
新兴	124.49	133.41	132.49	139.79	146.42	153.31	159.29
其他	229.21	242.35	233.47	241.22	250.4	259.09	267.62
全球	865.22	899	828.45	851.85	878.99	905.82	931.2

（数据来源：The Yearbook of Word Electronic Data）

其他信息传输。其他信息传输领域还包括光通信领域、集群通信领域等。根据光电科技工业协进会（PIDA）统计，2012 年全球光通信市场产值约为 300 亿美元，成长幅度约为 10％，呈现稳定的上扬。预期未来几年，全球光通信市场能以平均 8％的年复合成长率稳健攀升。在集群通信领域，从地域角度看，全球集群通信市场发展不平衡；从标准角度看，全球集群通信标准体系众多，竞争激烈。

（3）信息处理领域

嵌入式软件。据 Gartner 分析，2008—2013 年全球软件支出继续保持稳定增长，增长最快的部门是公共管理部门、医疗保险、广播通信、教育、电力等行业，复合年均增长率超过 4％，如图 2.5 所示。

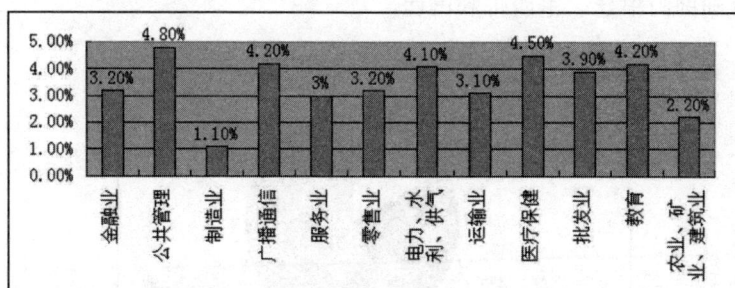

图 2.5　2008—2013 年软件产业细分市场复合年均增长率

（数据来源：Gartner）

云计算。物联网大规模发展后，采集和信息设备的数据将急剧增长，远远超过互联的数据量。自 2006 年谷歌提出云计算概念以来，经过近几年的发展，世界云计算服务市场增长迅速。据 Gartner 对 40 个国家的调查显示，2012 年全球云计算市场服务收入达 1090 亿美元，预计到 2016 年底将达 2066 亿美元，如图 2.6 所示。

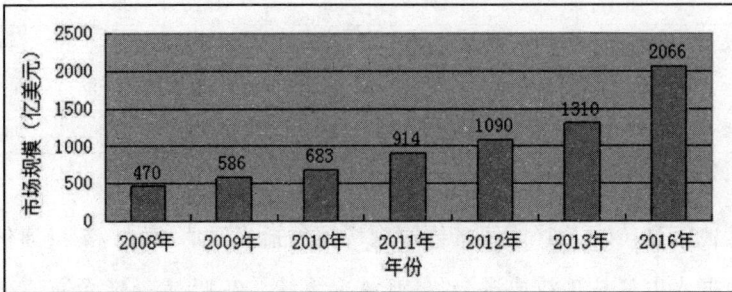

图 2.6 全球云计算服务收入规模趋势

（数据来源：Gartner）

从区域分布看，北美和欧洲的云计算市场规模最大，占据了全球市场的绝大部分份额。虽然其他区域的云计算市场也将快速发展，但几年之内不足以改变世界市场格局。根据 Gartner 的报告预测，在 2013－2016 年间，北美市场的公共云服务支出将占所有新增云计算服务支出的 59％，西欧约为 24％，日本大约为 11％。如图 2.7 所示。然而，未来公共云服务增长最快的依然是新兴市场，尤其是亚洲的中国、印度尼西亚、印度和拉丁美洲的阿根廷、墨西哥和巴西。

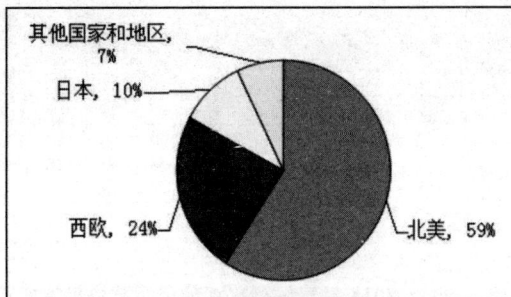

图 2.7 2013－2016 年世界主要国家和区域云计算服务市场份额

（数据来源：Gartner）

（二）我国物联网产业发展状况

1. 总体情况

目前，我国物联网产业处于起步阶段，初步具备了一定的技术、产业和应用基础，呈现出良好的发展态势。

从行业规模看，2009 年以来，我国物联网发展迅速，并逐步上升为国家战略。2012 年，我国物联网产业市场规模达 3650 亿元，比上年增长38.6%。据赛迪顾问预测，预计未来几年我国物联网行业将持续快速发展，年均增长率 30% 左右，到 2016 年底，物联网行业市场规模达 9834亿元。具体情况如图 2.8 所示。

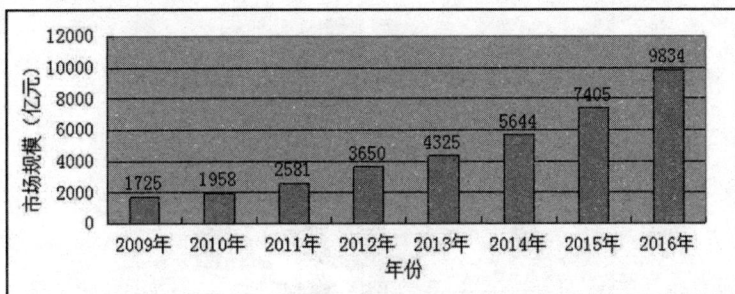

图 2.8 2009－2016 年中国物联网产业市场规模趋势

（数据来源：赛迪顾问）

从体系架构看，物联网分为支撑层、感知层、传输层、平台层、应用层五大层次。2013 年，支撑层、感知层、传输层、平台层和应用层在整个产业中的占比分别为 2.7%、22.0%、33.1%、37.5% 和 4.7%，如图 2.9 所示，市场规模分别为 71.9 亿元、577.1 亿元、870.0 亿元、984.3 亿元和 124.1 亿元。

从市场应用结构看，物联网与工业、物流、交通、电力、医疗几大行业的联系更加紧密，应用层面更加广泛和深入。2013 年，智能工业、智能农业、智能物流、智能交通、智能电网、智能环保、智能医疗和智能家居占据中国物联网市场应用领域的主要份额，分别占比 20.0%、4.2%、

10.8％、8.3％、6.4％、3.2％、5.5％和1.9％。具体情况，如图2.10所示。

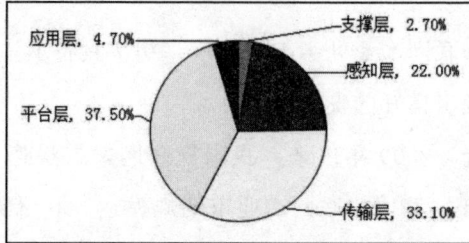

图2.9　2013年中国物联网产业结构

（数据来源：赛迪顾问）

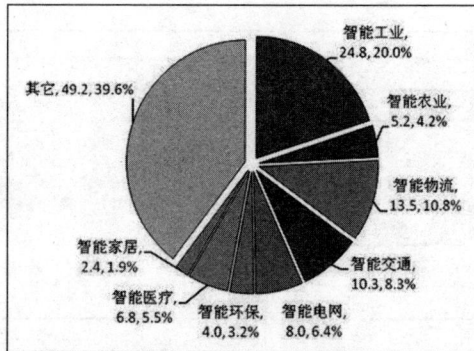

图2.10　2013年中国物联网应用市场结构

（数据来源：赛迪顾问）

从区域分布看，我国环渤海、长三角、珠三角以及中西部地区四大物联网产业集聚区基本成型。其中，经济、科技、教育优势明显的长三角地区发展最为迅速。这些地区依托雄厚的地方财力和发达的经济环境，形成了产业与应用促进的良性循环，呈现"马太效应"现象，未来这些区域在我国物联网产业空间布局的地位会得到进一步巩固。

从城市布局看，无锡、北京、上海、杭州、深圳、广州、武汉和成都等城市处于领先地位。未来，良好的产业氛围将会吸引更多的资源要素向这些区域汇集。2011年至今，国内物联网产业版图不断扩展，热点区域不断涌现。西部的贵州、甘肃、四川、重庆等省市积极布局物联网产业，物联网产业逐步由大城市深入三、四线城市。如四川绵阳市和双流县、无锡江阴市、河北固安县、山东微山县等众多地县级城市，也纷纷结合本地区的特点，大力培育发展物联网产业。

从企业分布看，物联网支撑层相关企业主要集中在以北京、上海、无锡、深圳等为代表的京津环渤海、长三角和珠三角地区；物联网感知层企业分布相对广泛，但规模以上企业以北京、上海、深圳、南京、沈阳等地区居多；物联网传输层企业主要分布在北京、深圳、武汉、杭州等地区；物联网平台层企业主要在北京、上海、深圳等主要城市和地区。

2. 长三角区域物联网产业发展现状

凭借着在电子信息、通信设备、软件研发等方面的产业优势，长三角是我国物联网产业发展最为强劲的区域，也是物联网技术和应用的发源地。其中，上海市凭借着在芯片设计与制造等方面的重要优势，已经掌握了 RFID、无线传感网、中间件等多种技术；无锡凭借着"感知中国"中心的先发优势和品牌效应，成立"感知中国"联盟，聚集了 600 多家物联网相关企业，在应用示范和物联网标准制定等方面进展迅速；南京是我国重要的软件产业和通信产业基地，凭借着南京物联网产业研究院、南京邮电大学等科研资源，在物联网产业资源整合方面形成特色优势；苏州是我国重要的电子信息产业基地，凭借着昆山传感器园区和工业园区及集成电路等两大产业集群，成立了我国首家高铁物联网应用中心；杭州凭借着在电子信息、软件设计等方面的先发优势，形成了比较完整的产业链；嘉兴依托中科院嘉兴无线传感工程中心的技术优势，形成了比较完备的传感器网络开发平台。具体如图 2.11 所示。

（1）上海

产业基础。上海是我国物联网技术研发和产业化应用的主要发源地之一。在技术研发方面，市政府从"十五"开始在 RFID 技术研发方面累计投入 6000 多万元，有关单位在"十一五"期间承担了短距离无线通信技术等多项国家科技重大专项，部分研究机构在无线传感网工程化等方面取得重大突破；在产业化方面，形成了以计算机、集成电路、通信设备等为

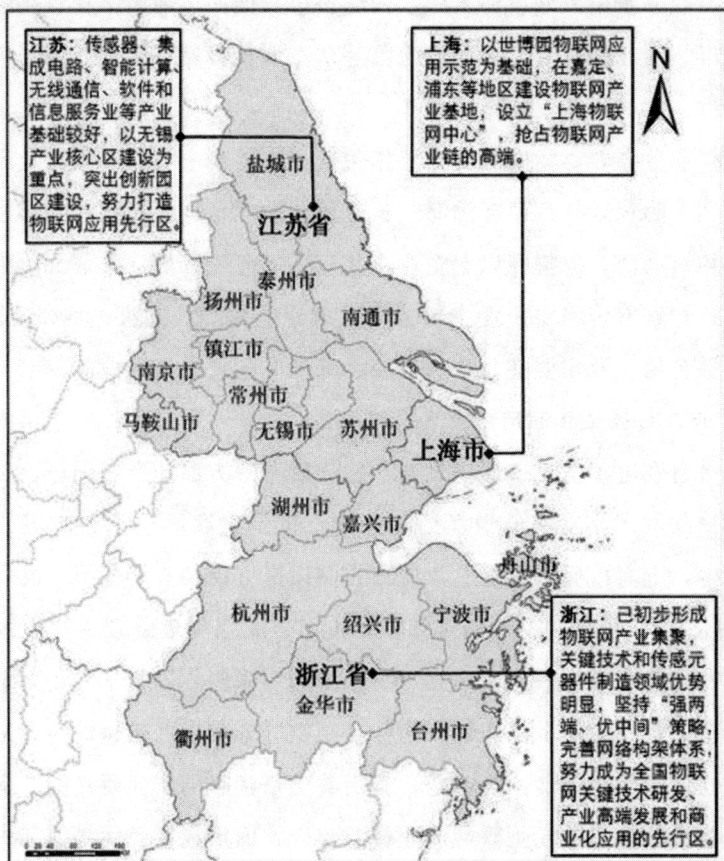

江苏：传感器、集成电路、智能计算、无线通信、软件和信息服务业等产业基础较好，以无锡产业核心区建设为重点，突出创新园区建设，努力打造物联网应用先行区。

上海：以世博园物联网应用示范为基础，在嘉定、浦东等地区建设物联网产业基地，设立"上海物联网中心"，抢占物联网产业链的高端。

盐城市

江苏省

泰州市

扬州市　　南通市

镇江市

南京市　常州市

马鞍山市　无锡市　苏州市

上海市

湖州市

嘉兴市

舟山市

杭州市　绍兴市　宁波市

浙江省

金华市

衢州市　　台州市

浙江：已初步形成物联网产业集聚，关键技术和传感元器件制造领域优势明显，坚持"强两端、优中间"策略，完善网络构架体系，努力成为全国物联网关键技术研发、产业高端发展和商业化应用的先行区。

图 2.11　长三角区域物联网产业发展概览

[资料来源：赛迪顾问]

主的信息产业基地；在推广应用方面，基于物联网技术的电子围栏已在世博园区安装，实现了智能安防，防入侵传感网防护系统已在上海机场成功应用。

　　政府行动。在政府政策方面，自 2010 年以来，上海市政府陆续出台《上海推进物联网产业发展行动方案（2010－2012 年）》、《上海市战略性新兴产业发展"十二五"规划》、《上海市信息基础设施"十二五"发展规划》等相关文件；在平台建设方面，建设物联网相关技术公共服务平台、物联网信息服务平台等；在资金扶持方面，设立软件和集成电路产业发展专项资金、高新技术产业化专项资金、企业自主创新资金等；在人才引进方面，通过"千人计划"、"浦江人才计划"等引进产业高端人才和产业技术领军人才。

产业布局。在世博园区建立物联网技术集中应用的示范区；在嘉定、浦东等区县建设物联网产业基地，形成若干个物联网产业集聚区和应用示范区；设立"上海物联网中心"，增强高端产品的研发能力和产业化能力。

发展重点。上海市将先进传感器、核心控制芯片、短距离无线通信技术、系统集成和开放性平台技术、组网和协同处理、海量数据挖掘和管理等物联网技术作为物联网技术研发的重点领域。

应用示范。以企业为主体，上海正积极推进环境监测、智能安防、智能交通、物流管理、楼宇节能管理、智能电网、智能医疗、精准控制农业、世博园区、应用示范区和产业基地等 10 个方面的应用示范工程，通过示范工程探索完善的运作模式，形成长效运作机制，将上海打造成国家物联网应用示范城市。

（2）江苏

产业基础。江苏省是我国物联网产业起步较早和相对集中的区域，在技术研发、市场应用、人才资源等方面拥有一定的先行优势。在技术研发方面，中科院无锡高新微纳传感网工程技术研发中心等单位致力于综合感知芯片、器件等物联网技术研究；在市场应用方面，省内部分地区先后启动了工业、农业、交通、环保等领域的物联网应用；在人才资源方面，江苏省拥有南京大学、东南大学、南京邮电大学等高等院校以及中电科技十四所等科研机构。此外，开发优势和培育壮大新兴产业的经验优势也为物联网技术和产业快速发展奠定了良好基础。

政府行动。在政策规划方面，江苏省政府陆续出台《江苏省物联网产业发展规划纲要（2009－2012 年）》《江苏省物联网产业"十二五"发展规划》《江苏省"十二五"培育和发展战略性新兴产业规划》等相关文件；在平台建设方面，建立中国物联网研究发展中心、无锡物联网产业研究院等技术研发和产品化机构；在资金支持方面，设立"江苏省工业和信息产业转型升级转型引导资金"物联网专项，南京市 2012 年投入 40.8 亿元用于发展物联网重点项目，苏州市 2012 年物联网产业社会总投资规模达 55.8 亿元等；在人才引进方面，无锡市推介"530"计划，重点引进"硅谷"企业家、科技和创投专家等。

产业布局。以无锡为核心，苏州、南京为支撑的物联网产业聚集区初步形成。无锡核心区传感网创新园、产业园、信息服务园等一批产业聚集载体基本建成，产业链逐步完善；一大批国内外知名高校科研院所和大型央企在无锡设立了研发和产业化机构，各类优质资源正在加快汇聚；苏州物联网产品制造业和南京物联网软件产业也已形成集聚态势。

发展重点。努力攻克射频识别与传感节点技术、物联网组网与协同处理技术、物联网系统集成技术、物联网应用抽象及标准化技术、共性支撑技术等重点技术领域；重点培育与物联网产业链紧密关联的硬件、软件、系统集成及运营服务四大核心产业；鼓励发展微纳器件、集成电路、网络与通信设备、计算机及软件等相关支撑产业；推进带动效应明显的现代装备制造业、现代服务业、现代物流业等产业的发展。

应用示范。江苏省重点建设包括智能工业、智能农业、智能物流、智能电网等经济领域的物联网示范工程，建设包括城市智能交通、智能公共安全、智能环保和智能灾害防控等公共管理领域的物联网示范工程，建设包括智能医护和智能家居等公共服务领域的物联网示范工程。

（3）浙江

产业基础。浙江省是我国物联网产业起步较早、技术实力较强、产业基础扎实的主要省份之一。在无线传感器网络、射频识别技术、系统集成技术攻关等关键技术方面具有一定主导权；有多家企业主持参与多项国际、国家和行业标准的制定，并掌握多项核心自主知识产权；监测仪器仪表等产品在国内外市场占有率较高；多项产品在智能电网、智能交通、环境监测等领域展开应用；在产业支撑配套方面，拥有多个国家级和省级信息产业特色园区。此外，通信网络设备、传感器、高低压电器等设备制造业竞争优势突出。

政府行动。在政策规划方面，浙江省陆续出台《浙江省物联网产业发展规划（2010—2015 年)》、《浙江省人民政府关于务实推进智慧城市建设示范试点工作的指导意见》等相关文件；在平台建设方面，组建浙江省物联网产业协会，成立中国电科集团（杭州）物联网研究院、中科院杭州射频识别技术研发中心、杭州港科大物联网应用技术研究推广中心、南邮杭州三维无线与物联网研究院等服务平台；在资金支持方面，以财政资金为引导，设立省物联网产业投资基金，完善风险资本与优质企业、项目的对接平台；在人才引进方面，积极探索人才租赁、团队引进等方式，推动"人才驿站"建设，汇聚海内外高端创新人才。

产业布局。构建以杭州为核心，宁波、嘉兴和温州等地为重点的"一核多星"产业布局。杭州市以滨江高新技术开发区和余杭仓前创新基地为核心区，以萧山、杭州经济技术开发区、江东工业园区等为支撑区，以富阳、临安、建德等五县（市）为拓展区，构建产业链健全、配套能力强的物联网产业网络，形成"一网三区"的产业布局；宁波、嘉兴和温州等地以培育物联网产业优势骨干企业为核心，突出支撑、协同、差异化发展，加强产业链上下游配套资源整合、集聚，构建物联网产业集聚区。

发展重点。从完善物联网感知层、网络层、应用层三层网络构架体系出发，坚持"强两端、优中间"策略，加强传感器及无线传感器网络、网络传输与数据处理、软件开发及系统集成标准化、物联网应用及内容服务提供等技术领域发展，抢占技术高点。

应用示范。坚持"以用促产"原则，按照物联网技术发展趋势和市场发展空间，先期重点在智能交通管理、智能生产制造、智能安全防范、智能电网监控、智能生活服务、智能安全生产管理、智能卫生医疗、智能环保节能等领域，组织实施 10 项技术含量高、应用面广、影响力大的应用试点示范工程，以此引导全省物联网产业的发展。

二、物联网产业组织驱动力的内涵及其因素

产业组织驱动力，即"产业组织动力"，一般是指在推动产业组织发展过程中起重要作用的各种因素。物联网产业是一个复杂开放的产业生态系统，是各种动力因素相互作用、相互联系、共同推动的结果。根据物联网产业组织驱动力的文献研究和"M－SCP"范式的构建，物联网产业组织发展的驱动力因素主要包括企业资源、产业链资本、政策环境和市场环境。其中，以人力资源和知识资源投入为核心的企业资源是物联网产业组织发展的内在根本动力；丰富的产业链资本是内在重要支持力；良好的政策环境是物联网产业组织发展的外在根本动力；发达的市场环境是物联网实现产业化的重要基础。

三、物联网产业组织驱动力的指标构成及其分析——以长三角区域为例

（一）企业资源

1. 科技活动人员

科技活动人员是企业资源的核心，是物联网产业发展的主体力量，科技活动人员的科研能力在一定程度上决定了物联网的发展前景。虽然面临全球经济增长不景气的局面，但是长三角区域大中型工业企业中从事科技活动人员的数量稳步增长。据统计，2008 年为 55.47 万人，2009 年为 62.17 万人，2012 年达 99.99 万人，是 2008 年的 1.8 倍，年均增长超过 10%，其中，上海 15.24 万人，江苏 56.70 万人，浙江 28.05 万人，如图 2.12 所示。这些数据说明，长三角区域吸引了大量优秀的科技活动人员，而且逐年增长，特别是江苏省，这些人才数据与上海、南京、苏州、无锡、杭州、宁波、嘉兴等城市聚集了大量的高新技术产业群有关，为物联

网产业组织的发展奠定了坚实的人才资源基础。

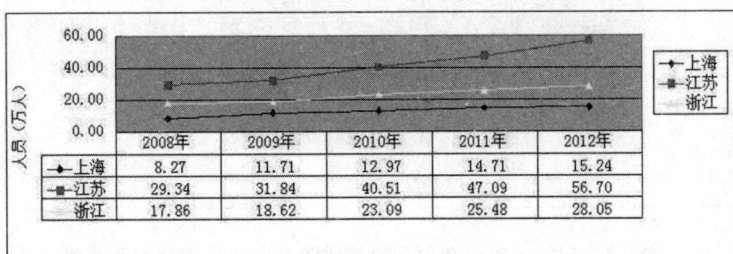

人员（万人）	2008年	2009年	2010年	2011年	2012年
上海	8.27	11.71	12.97	14.71	15.24
江苏	29.34	31.84	40.51	47.09	56.70
浙江	17.86	18.62	23.09	25.48	28.05

图 2.12　2008－2012 年长三角区域大中型工业企业从事科技活动人员情况

（数据来源：根据国家统计局、上海市统计局、江苏省统计局、浙江省统计局的数据整理所得）

2. 关联企业数量

物联网企业与通信设备、计算机及其他电子设备制造业、信息服务业等紧密相关，是展开相关活动的基础。从长三角区域物联网产业链各环节看，在芯片设计制造方面，集中了上海华虹、上海贝岭、讯能科技等企业；在无线传感器网络设计研发方面，集中了利尔达科技、国泰科技、中科微电子等企业；在射频识别技术设计、研发和制造方面，集中了琅木达、中图射频、紫钺科技等企业；在网络设备制造方面，集中了三维通信、华三通信等企业；在物联网系统集成与应用方面，集中了大华股份、新世纪、海康威视、聚光科技等企业；在物联网运营及相关内容服务方面，集中了中国移动、中国联通和中国电信等企业。据统计，2012 年长三角区域计算机、通信和其他电子设备制造业规模以上企业①数量有 4156 个，仪器仪表制造业规模以上企业数量有 1663 个，均占全国的 1/3 以上；软件产业企业数量达 7573 个，是 2008 年的 2.15 倍，如图 2.13 和 2.14 所示。其中江苏省在企业数量和工业总产值方面均位居全国首位。大量的关联企业可以提供基础设施要素等社会资源，是物联网产业组织发展的外部重要支持。

---

① 2010 年（含 2010 年）以前规模以上企业是指年主营业务收入在 500 万元以上的工业企业，2010 年以后规模以上企业是指年主营业务收入在 2000 万元以上的工业企业，下同。

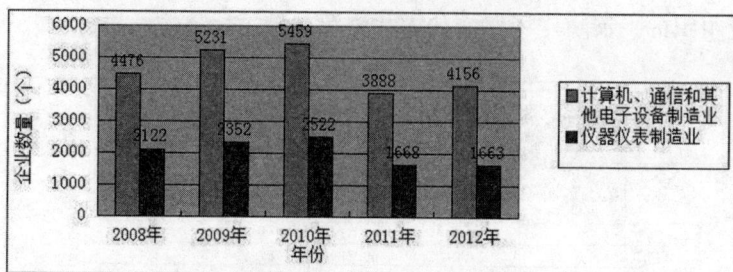

图 2.13　2008－2012 年长三角区域通信设备、计算机及其他

电子设备制造业规模以上企业数量

（数据来源：同上）

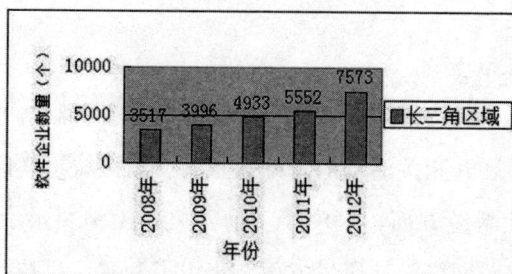

图 2.14　2008－2012 年长三角区域软件产业企业数量

（数据来源：同上）

3. 科研基础水平

物联网是以信息技术为基础，良好的科研基础水平有助于为物联网技术的推广和应用奠定良好的基础。据全国及各地区科技进步统计监测结果显示，上海市、江苏省和浙江省综合科技进步指数水平一直高于全国平均水平，位居全国前列①。在专利申请授权量方面，2008 年长三角区域共122018 件，2009 年增加到 202144 件，2012 年达到 509883 件，5 年之内增长了 4.18 倍，其中上海 51508 件，江苏 269944 件，浙江 188431 件。在结构比例方面，2008 年长三角区域专利授权量占全国总数的 29.60%，2009 年增长到 34.70%，2012 年已经高达 40.60%，科研基础水平得到了

---

① 2012 全国及各区域科技进步统计监测结果 http://www.sts.org.cn/tjbg/tjjc/documents/2013

明显提升。具体情况，分别如图 2.15 和 2.16 所示。这些数据说明，长三角区域具有较好的科研基础水平，这将为物联网技术和应用奠定良好的基础，而相关科技领域的研究成果，也为产业组织的技术研发提供有力保障。

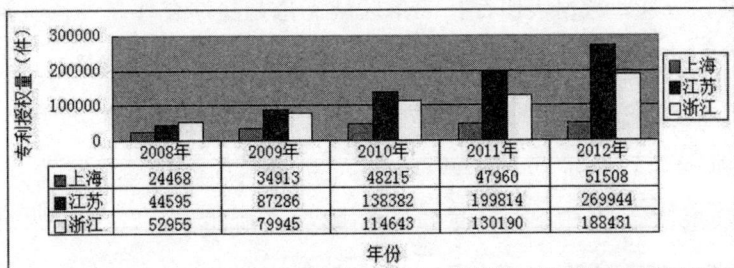

图 2.15　2008－2012 年长三角区域专利申请授权量

(数据来源：同上)

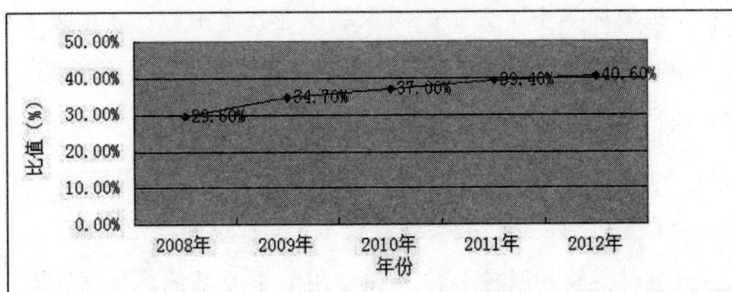

图 2.16　2008－2012 年长三角区域专利授权量占全国总数的比例趋势

(数据来源：同上)

(二) 产业链资本

1. 科研项目基础

物联网产业的繁荣与发展，离不开产业链各环节的相互促进、相互支持。长三角区域拥有大量的科研院校、高新技术产业开发区、经济技术开发区、国家火炬计划软件产业基地、物联网相关服务平台等科研基础资源，为物联网产业链提供重要的知识资本。

截至 2012 年 12 月，长三角区域共有 300 所高等学校，其中上海市有 67 所，江苏省 128 所，浙江省 105 所，其中包括复旦大学、上海交通大

学、同济大学、华东师范大学、南京大学、东南大学、浙江大学等 7 所
"985 工程"院校和上海财经大学等 14 所"211 工程"院校（不包含 985
工程院校）；同时，长三角区域共有 34 所设有物联网专业的院校①，占全
国的 25％。这些数据表明，长三角区域无论是在综合性高等科研院校方
面，还是在物联网专业院校方面，数量和质量都占据明显优势。

此外，长三角区域有高新技术产业开发区 16 个②，占全国的 15％，
其中上海 2 家，江苏 10 家，浙江 4 家；国家级经济技术开发区 44 个③，
占全国的 23％，其中上海 4 家，江苏 22 家，浙江 18 家；国家火炬计划
软件产业基地 7 个④，占全国的 20％。这些技术开发区和软件产业基地投
资环境好、经济发展活跃、市场化程度高，是长三角区域物联网企业技术
研发和生产制造的重要园区。

长三角区域还集中了大量的国家级企业技术中心、国家级工程（技
术）研发中心、国家级重点实验室、国家工程实验室、国家新型工业化产
业示范基地、物联网研究机构等物联网相关服务平台，分别见表 2.4、表
2.5、表 2.6。可以看出，这些服务平台主要集中在高等院校、科研院所、
高新技术企业等机构，是研究传感器技术、集成电路、光纤通信、射频识
别、嵌入式软件等物联网核心技术和应用的重要基地，是物联网"产学
研"协同创新的主要载体，为相关科研项目打下坚实基础。

表 2.4 上海市物联网相关服务平台

分 类	名 称
国家级企业技术中心	上海贝尔股份有限公司技术中心 上海宝信软件股份有限公司技术中心 展讯通信（上海）有限公司技术中心

---

① 物联网工程 . http://baike. baidu. com/view/
② 2012 最新 105 家国家级高新区名单 . http：//www. hebjgbz. gov. cn/bianban/lxqy/
webinfo/2012/11/
③ 2013 年国家级经济技术开发区名单 . http：//www. lianxin. org/html/4/2013/content—
460
④ 国家火炬计划软件产业基地历史数据及其分析 . http：//www. softparkinfo. com/html/
2009/12/

分　类	名　称
国家级工程（技术）研究中心	国家可信嵌入式软件工程技术研究中心 上海交通大学纳米技术应用国家工程研究中心
国家级重点实验室	中国科学院上海微系统与信息技术研究所传感技术联合国家重点实验室 中国科学院上海技术物理研究所红外物理国家重点实验室 中国科学院上海光学精密机械研究所强磁场国家重点实验室 复旦大学专用集成电路与系统国家重点实验室 上海交通大学微米/纳米加工技术国家重点实验室 上海交通大学区域光纤通信网与新型光通信系统国家重点实验室
国家工程实验室	信息内容分析技术国家工程实验室
国家新型工业化产业示范基地	电子信息·上海漕河泾新兴技术开发区 电子信息·上海金桥开发区
物联网研究机构	国家软件与集成电路公共服务平台农业物联网创新推广中心 国家能源智能电网（上海）研发中心 中国电信公司上海研究院 中国科学院上海微系统与信息技术研究所 中国泰尔实验室 上海物联网中心 上海市公安部第三研究所物联网研发中心 上海通用化工技术研究所 上海电子标签与物联网产学研联盟 上海光机所精密光电测控研究与发展中心 上海集成电路设计研究中心 复旦大学 Auto 中国实验室

［资料来源：根据上海市科技服务网、上海市经信委等网站整理所得］

表 2.5　江苏省物联网相关服务平台

分　类	名　称
国家级企业技术中心	江苏新潮科技股份有限公司技术中心 南瑞集团技术中心 江苏亨通光电股份有限公司技术中心
国家级工程（技术）研究中心	东南大学——国家专用集成电路系统工程技术研究中心 南瑞集团——国家电力自动化工程技术研究中心 熊猫电子集团——国家移动卫星通信工程技术研究中心 公安部交通管理科学研究所——国家道路交通管理工程技术研究中心 南瑞集团——电力系统自动化及系统控制及经济运行工程研究中心

分　类	名　称
国家级重点实验室	南京大学固体微结构物理国家重点实验室 南京大学计算机软件新技术国家重点实验室 东南大学毫米波国家重点实验室 东南大学移动通信国家重点实验室
国家新型工业化产业示范基地	电子信息·江苏苏州工业园区 电子信息（传感网）·江苏无锡高新技术产业开发区 电子信息（光电显示）·江苏昆山经济技术开发区 电子信息·南京江宁经济开发区 电子信息（光电子）·江苏吴江经济技术开发区 软件和信息服务·南京雨花软件园
物联网研发机构	国家物联网产业发展研究院 国家软件与集成电路公共服务平台物联网产业研究院（CAID） 国家智慧旅游服务中心 中国物联网研究发展中心 中国电信物联网应用和技术推广中心与物联网技术重点实验室 中国移动与中国联通物联网研究开发机构 中电科技中国传感网创新研发中心 中国传感器产业联盟与"感知中国"物联网联盟 江苏恒宝股份有限公司——江苏省智能卡工程技术研究中心 江苏省新型感知器件产业技术创新战略联盟 南京物联网产业联盟与南京物联网产业研究院 南京大学物联网研究中心 南京邮电大学物联网产业发展研究基地与无锡传感网研究中心 东南大学传感器网络技术研究中心 南京理工大学无锡传感网应用开发中心 南京三宝科技股份有限公司—江苏省交通运输安全智能系统工程技术研究中心 无锡国家传感网创新示范区（国家传感信息中心） 无锡清华高新技术研究院智能传感网研究中心 无锡物联网产业研究院 无锡中科智能信息处理研究中心与传感器网络信息技术中心 中科院无锡高新微纳传感网工程技术研发中心 复旦大学无锡研究院与北京邮电大学无锡研究院 清华大学无锡智能传感网研究中心 江南计算技术研究所 中国矿业大学物联网（感知矿山）研究中心 江南大学物联网工程学院 徐州物联网产业发展研究中心

［资料来源：根据江苏省科技厅、江苏省科技统计、江苏省经信委等网站整理所得］

表 2.6　浙江省物联网相关服务平台

分　类	名　称
国家级企业技术中心	中控科技集团有限公司技术中心 富通集团有限公司技术中心 聚光科技（杭州）股份有限公司技术中心 浙江大学网新集团有限公司技术中心 浙江大华技术股份有限公司技术中心
国家级工程（技术）研究中心	浙江大学国家光学仪器工程技术研究中心 浙江大学电力电子应用国家工程研究中心
国家级重点实验室	浙江大学硅材料科学国家重点实验室 浙江大学现代光学仪器国家重点实验室 浙江大学计算机辅助设计与图形学国家重点实验室 浙江大学信息与控制国家实验室（筹） 杭州电子科技大学通信信息传输与融合技术国防重点学科实验室
国家新型工业化产业示范基地	电子信息（物联网）·杭州高新区（滨江）
物联网研究机构	中国电科集团（杭州）物联网研究院 中科院杭州射频识别技术研发中心 香港科技大学物联网应用技术研究推广中心 中国科学院嘉兴无线传感网工程中心 浙江智慧城市研究中心 浙江省物联网产业技术创新联盟（筹） 浙大－国脉共建智慧城市研究中心 杭州市物联网技术创新与服务平台 南邮杭州三维无线与物联网研究院浙江清华长三角研究院 宁波市物联网产业协会 普天智能照明研究院

［资料来源：根据浙江省科技厅、浙江省科技统计、浙江省经信委等网站整理所得］

2. 科技研发力度

研究与试验发展（R&D）经费支出指企业用于开展基础研究、应用研究和试验发展等活动的实际支出，是衡量地区科技研发力度的重要指标，资金来源包括政府资金、企业资金、境外资金及其他。据统计，长三角区域 R&D 经费支出 2008 年为 1282.63 亿元，2009 年为 1539.34 亿元，2012 年达 2689.90 亿元，是 2008 年的 1.77 倍，其中上海市为 679.29 亿元，江苏省为 1288.02 亿元，浙江省为 722.59 亿元，均居全国前列。从资金来源看，以上海地区为例，超过 60% 的研发经费来自于企业，30% 的资金是由政府投入的。可以看出，长三角区域企业和政府对科技投入的力度较大，而且呈逐年快速增长趋势，显示出长三角区域物联网产业组织的发展有着良好的资金环境。具体情况，如图 2.17 所示。

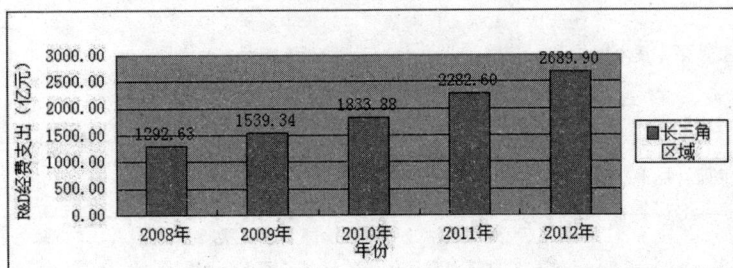

图 2.17　2008－2012 年长三角区域 R&D 经费支出情况

[数据来源：根据国家统计局、上海市统计局、江苏省统计局、浙江省统计局等整理所得]

3. 科研创新氛围

R&D 强度是指国家或地区研发投入总量与国内或地区生产总值之比，是反映一个国家或地区科技投入水平的核心指标，高水平的研发投入强度被认为是提高国家或地区自主创新能力的重要保障。据统计，2008年上海市 R&D 强度为 2.58，江苏省为 1.92，浙江省为 1.60，均高出全国水平 1.54；2012 年上海市 R&D 强度为 3.37，江苏省为 2.38，浙江省为 2.08，仍远高于全国水平 1.98。具体情况，如图 2.18 所示。可以看出，五年之内，长三角区域的 R&D 强度逐步提高，尤其是上海地区，连续多年高居全国第二，显示了在科研创新氛围方面的绝对领先优势，也是吸引大量的物联网技术研发机构在此聚集的重要原因。

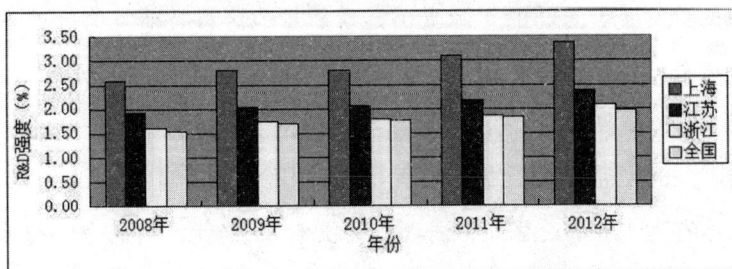

图 2.18　2008－2012 年长三角区域 R&D 强度概况

[数据来源：同上]

4. 关联产业基础

在经济活动中,关联产业之间存在广泛的、复杂的和密切的技术经济联系。电子信息产业、通信产业、软件产业、互联网产业等高新技术产业的发展推动了物联网感知设备制造、网络通信和应用服务的规模与发展,为完善产业链及物联网产业化奠定良好基础。高新技术产业产值是衡量物联网关联产业基础的重要指标。据统计,2008 年长三角区域高新技术产业产值为 33129.80 亿元,2009 年为 36548.01 亿元,2012 年达 66109.57 亿元,五年之内增长较快,具体情况如图 2.19 所示和见表 2.7。可以看出,江苏省在长三角区域中的比重逐年提高,由 2008 年的 55.6% 增长到 2012 年的 68.1%,超过了上海市和浙江省的总和,这是因为南京、无锡、苏州、徐州等依托高新技术产业优势,发挥"马太效应",实现了资源的整合和集群发展。其中,南京以"中国软件名城"为载体,无锡是"感知中国"的中心,苏州发挥"国家电子信息产业基地"优势,徐州打造"感知矿山"战略等。

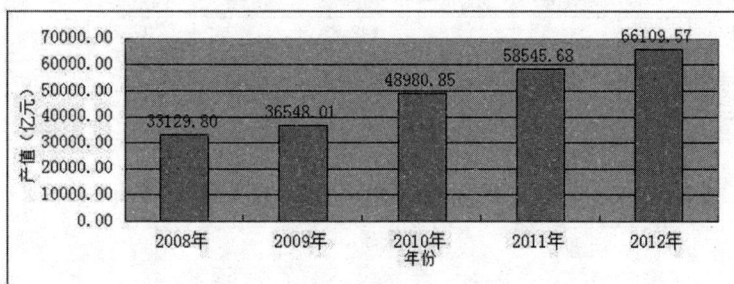

图 2.19　2008－2012 年长三角区域高新技术产业产值总体概况

[数据来源:同上]

表 2.7　2008－2012 年长三角区域高新技术产业产值具体概况(亿元)

年份 区域	2008 年	2009 年	2010 年	2011 年	2012 年
上海	6041.98	5560.65	6958.01	7060.47	6824.99
江苏	18402.19	21987.23	30354.84	38377.76	45041.48
浙江	8685.63	9000.13	11668.00	13107.45	14243.10

[数据来源:同上]

5. 政府资金支持

物联网产业发展初期，政府的资金支持是推动物联网企业积极开展物联网领域相关技术研究，逐步完善物联网产业链的重要动力之一。考虑到数据有效性和可获得性，政府资金支持的力度可以通过政府 R&D 活动经费支出进行衡量。长三角区域政府对研究与发展项目历来非常重视，据统计，2008 年政府 R&D 活动经费支出为 230.01 亿元，2009 为 266.58 亿元，2012 年已达 558.97 亿元，其中，上海市 225.76 亿元，江苏省 272.8 亿元，浙江省 60.41 亿元，五年之内增长了 2.43 倍。具体情况如图 2.20 所示。可以看出，长三角区域，尤其是上海市和江苏省在政府资金支持方面的力度较大，非常重视物联网产业在未来国民经济发展中的作用，朝着把长三角区域打造成现代信息技术产业中心的这一目标努力。

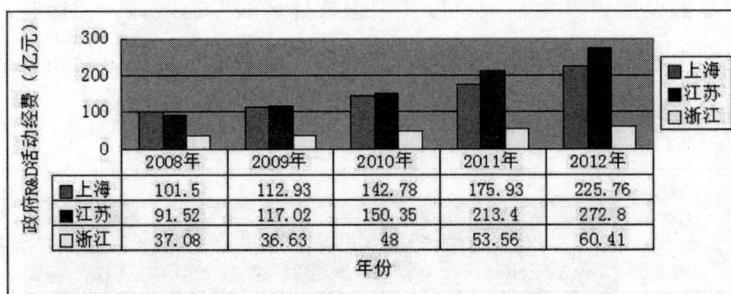

政府R&D活动经费（亿元）	2008年	2009年	2010年	2011年	2012年
上海	101.5	112.93	142.78	175.93	225.76
江苏	91.52	117.02	150.35	213.4	272.8
浙江	37.08	36.63	48	53.56	60.41

年份

图 2.20　2008－2012 年长三角区域政府 R&D 活动经费支出总体概况

[数据来源：同上]

（三）政策环境

2006 年以来，从国务院、各部委到长三角区域地方政府，多点、多层次的物联网相关政策密集出台，从规划、技术、应用、资金等多个层面形成了对物联网产业组织的扶持、推动和培育作用，营造了良好的产业发展环境，促进物联网企业开展研发和创新活动。据不完全统计整理，国务院和各部委及长三角区域物联网具体相关政策见表 2.8、表 2.9 和表 2.10。

表 2.8　国务院和各部委物联网相关政策

发布单位	发布年	政策名称	政策要点
国务院	2006	《国家中长期科学和技术发展规划纲要（2006－2020)》	将"传感器网络及智能信息处理"列入信息产业及现代服务业领域的优先发展主题。
	2010	《国务院关于加快培育和发展战略性新兴产业的决定》	支持物联网企业有利于扩大市场需求的专业服务、增值服务等新业态；促进物联网的研发和示范应用。
	2011	《关于印发进一步鼓励软件产业和集成电路产业发展若干政策的通知》	加大科技创新；完善相关营业税优惠政策；支持重点软件和集成电路项目建设；加强产业资源整合。
		《中华人民共和国国民经济和社会发展第十二个五年规划纲要》	全面提高信息化水平，推进物联网研发应用。
		《物联网发展专项资金管理暂行办法》	支持企业自主创新、物联网技术研发与产业化、标准研究与制订、应用示范与推广、公共服务平台等方面的项目。
	2012	《电子信息制造业"十二五"发展规划》	将计算机、通信设备、集成电路、关键电子元器件、信息技术、电子材料等作为发展重点。
		《"十二五"国家战略性新兴产业发展规划》	积极实施物联网、云计算、移动互联网、数字电视网等新兴服务业态推进计划。
	2013	《国务院关于推进物联网有序健康发展的指导意见》	加快技术研发；推动应用示范；加强总体设计；壮大核心产业；创新商业模式等。
		《国家重大科技基础设施建设中长期规划（2012－2030 年)》	将物联网应用、云计算服务等列入其中。
		《"十二五"国家自主创新能力建设规划》	从创新基础条件建设、重点领域创新能力、创新主体实力、区域创新能力布局、创新环境等方面提出具体目标。

发布单位	发布年	政策名称	政策要点
工信部	2006	《2006－2020 年国家信息化发展战略》	推进"三网融合";突破核心技术与关键技术;培育有核心竞争能力的信息产业。
	2008	《信息产业科技发展"十一五"计划和 2020 年中长期规划(纲要)》	对物联网发展做出整体布局;提出打造完整产业链,形成产业集群。
	2011	《关于做好 2011 年物联网发展专项资金项目申报工作的通知》	重点支持技术研发、产业化、应用示范与推广、标准制制与公共服务四类项目;以物联网关键核心技术及重点产品的研发和产业化为支持重点,注重统筹规划。
		《物联网"十二五"发展规划》	攻克核心技术等八大任务;建设关键技术创新等五大工程;建立统筹协调机制等五大保障措施;开展智能物流等领域应用示范工程。
		《软件和信息技术服务业"十二五"发展规划》	发展基础软件、工业软件与行业解决方案等 10 大重点项目;推动云计算创新、龙头企业培育等 8 大重点工程。
	2012	《通信业"十二五发展规划"》	加强物联网研发和标准化;提升物联网公共服务能力;加强物联网先导应用示范。
		《长江三角洲地区通信发展"十二五"专项规划》	支持新兴业态发展;完善产业价值链;促进中小企业发展等。
		《无锡国家传感网创新示范区发展规划纲要(2012－2020 年)》	加强技术创新;培育产业集群;加强应用示范;完善服务平台;统筹和谋划示范区总体布局。
	2013	《加快推进传感器及智能化仪器仪表产业发展行动计划》	实施技术创新、产品升级、产业和企业转型升级、产业化应用四大工程。
发改委	2008	《关于强化服务 促进中小企业信息化的意见》	推进中小企业信息化;强化中小企业信息化的公共服务体系;完善中小企业信息化社会服务体系。
	2010	《国家发展改革委办公厅关于当前推进高技术服务业发展有关工作的通知》	重点在精细农牧业、工业智能生产、交通物流、电网、金融、医疗卫生等领域开展物联网特色服务示范。
	2012	《2012 年物联网技术研发及产业化专项的通知》	关键技术研发及产业化、基础共性技术标准研究制定、公共服务平台建设。

发布单位	发布年	政策名称	政策要点
财政部	2011	《物联网发展专项资金管理暂行办法》	支持企业自主创新、物联网技术研发与产业化、标准研究与制订、应用示范与推广、公共服务平台等项目。
科技部	2011	《国家"十二五"科学和技术发展规划》	推动下一代互联网、新一代移动通信、云计算、物联网、智能网络终端、高性能计算的发展。
交通部	2012	《2012－2020 年中国智能交通发展战略》	健全智能交通框架体系；实现智能交通技术突破；加快智能交通标准化建设；推进智能交通产业化。
住建部	2012	《国家智慧城市试点暂行管理办法》	智慧城市建设规划、建设目标、资金来源、组织机构等提出具体要求。
农业部	2011	《全国农业农村信息化发展"十二五"规划》	实施农业信息化、农业信息服务等工程；在农业农村信息化试验区、先导区等区域布局行业和区域重点。
		《农业科技"十二五"发展规划》	加大农业科技创新、农业科技推广与应用等。
商务部	2011	《关于"十二五"期间加快肉类蔬菜流通追溯体系建设的指导意见》	促进肉类蔬菜经营规范化；推进肉类蔬菜流通现代化；推进城市追溯体系建设；健全肉类蔬菜追溯网络等。

（资料来源：根据各部委物联网相关政策文件整理所得）

表 2.9　长三角区域各省市物联网产业相关政策要点

发布地区	发布年	政策名称	政策要点
上海市	2010	《上海推进物联网产业发展行动方案（2010－2012 年)》	发展核心控制芯片等 6 大物联网相关产业；在嘉定、浦东等区域形成产业集聚；推进 10 大应用示范工程。
		《上海市战略性新兴产业发展"十二五"规划》	聚焦物联网、云计算、半导体照明等新一代信息技术，推进商业模式创新。
	2012	《上海推进移动互联网产业发展 2012－2015 年行动计划》	加快芯片、终端、传输、软件、平台、应用等环节的创新发展，实现移动互联技术在各行业的广泛应用。
		《上海市信息基础设施"十二五"发展规划》	统筹新一代网络、完善信息基础设施布局、围绕"四个中心"建设。

发布地区	发布年	政策名称	政策要点
江苏省	2010	《江苏省物联网产业发展规划纲要（2009—2012年）》	建设十大示范应用工程、一个产业核心区、两个产业支撑区、全省应用示范区。
		《江苏省智能电网产业发展专项规划纲要（2009—2012年）》	明确重点产业领域、重点产品、空间布局和创新载体。
		《无锡市物联网产业发展规划纲要（2010—2015年）》	发展物联网技术；培育物联网产业；推广物联网应用；搭建物联网平台；集聚物联网企业。
		《徐州市物联网产业发展规划纲要》	突破"感知矿山"，建设"智慧徐州"。
	2011	《江苏省"十二五"培育和发展战略性新兴产业规划》	发展物联网、云计算的核心产业和关联产业；树立"感知中国"品牌；打造国际知名的物联网、云计算创新示范区。
		《南京市"十二五"智慧城市发展规划》	完善智慧基础设施、构建智慧应用体系、促进智慧产业发展、打造"智慧青奥"等。
	2012	《江苏省软件和信息技术服务业"十二五"发展规划》	提升软件产品研发与应用水平；形成"一城两带多园"产业格局；培育紧缺人才支撑、新兴链群拓展等五大工程。
		《江苏省物联网产业"十二五"发展规划》	突破核心关键技术；加快重点产业培育；优化产业规划布局；推进重点应用示范；加强人才队伍建设。
浙江省	2009	《嘉兴市无线传感网络产业发展规划（2010—2020年）》	创建浙江省无线传感器网络产业化基地；三次跨越；"三一工程"。
	2010	《浙江省物联网产业发展规划（2010—2015年）》	攻克关键技术；实施应用示范工程；培育优势骨干企业；打造产业集聚基地；汇聚创新人才；搭建公共服务平台。
		《杭州市物联网产业发展规划（2010—2015年）》	加快"一网三区"物联网产业格局；实施"智慧中国·智能杭州"4433工程。
	2012	《浙江省人民政府关于务实推进智慧城市建设示范试点工作的指导意见》	通过3—5年的努力，智慧城市建设试点项目取得明显成效，形成投资、建设、运营、管理、服务模式创新机制。

[资料来源：根据上海市、江苏省、浙江省物联网相关政策文件整理所得]

表 2.10　我国主要一线城市发展物联网产业相关政策

发布地区	出台时间	文件名称	方针政策
北京	2011－8－12	《北京物联网初步规划》	制定促进政务物联网发展的政策措施； 采取科学推进策略； 加强项目的全流程管理； 推进应用体验，促进应用技术发展。
天津	2012－1－15	《天津市物联网产业发展"十二五"规划》	发展物联网产业；推广物联网应用； 搭建物联网平台；突破物联网技术。
上海	2010－4－19	《上海推进物联网产业发展行动方案（2011－2012 年）》	加强规划引导和前瞻研究；建设公共服务平台； 加强物联网产业基地建设；推进应用示范工程。
深圳	2011－9－6	《深圳推进物联网产业发展行动计划（2011－2013 年）》	提升创新能力；构建支撑体系； 推动产业发展；拓展应用服务。
杭州	2010－11－10	《杭州市物联网产业发展规划（2010－2015 年）》	成立组织机构；推进园区建设； 完善产业体系；拓宽资金来源。

（四）市场环境

1. 地区经济基础

地区经济越发达，经济总量越大，在一定程度上决定了物联网的市场需求，地区经济基础会影响物联网产业发展的成熟度。GDP 总量是衡量地区经济状况的主要指标，而人均 GDP 是反映人均购买力的主要指标。从 GDP 总量看，2008 年长三角区域 GDP 总值为 66514.54 亿元，2009 年为 72494.10 亿元，2012 年达 108905.30 亿元，五年之内增长了 1.64 倍，其中江苏省为 54058.22 亿元，浙江省为 34665.33 亿元，上海市为 20181.72 亿元，分别位居全国第 2 位、第 4 位、第 11 位。具体情况，如图 2.21 所示。从人均 GDP 看，2008 年长三角区域为 45586 元，呈逐年快速增长趋势，2012 年人均 GDP 突破 1 万美元大关，迈入中等发达国家水平，连续多年是全国人均 GDP 的 2 倍。具体情况，如图 2.22 所示。从这些数据可以看出，长三角区域有广阔的物联网市场，随着区域经济总量的增长和人民生活水平的提高，对物联网等高新技术产品的需求也会随之增加。

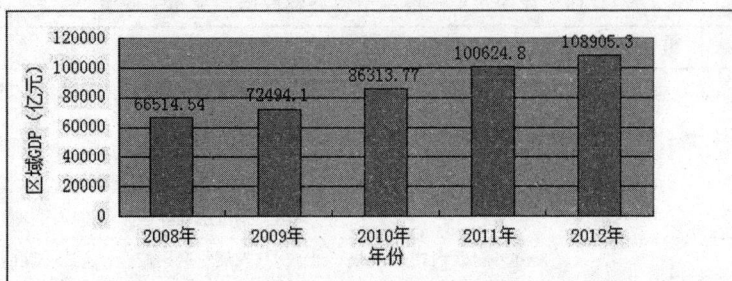

图 2.21　2008－2012 年长三角区域 GDP 概况

［数据来源：根据国家统计局、上海市统计局、江苏省统计局、浙江省统计局的数据整理所得］

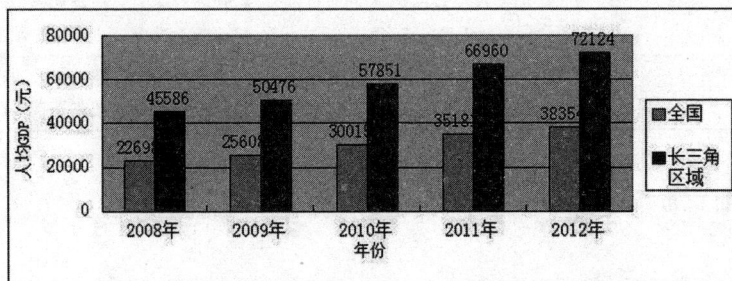

图 2.22　2008－2012 年长三角区域人均 GDP 概况

［数据来源：同上］

2. 物联网应用

2012 年我国物联网产业市场规模达 3650 亿元，长三角区域产业规模位列四大区域之首。在市场应用方面，从整体看，智能工业、智能物流、智能交通、智能电网、智能医疗、智能农业和智能环保等占据中国物联网市场主要份额，家庭和个人市场需求较少，即使是在政府基础设施方面，物联网仍处于应用示范阶段，还没能实现产业化。高新技术产品主要包括计算机与通信技术、电子技术、计算机集成制造、光电技术、材料技术等产品。高新技术产品的进出口总额在一定程度上反映了一个地区对高新技术产品的需求情况，可以间接用于反映物联网产品的应用现状。

从长三角区域高新技术产品的出口总额看，2008 年为 142037 百万美元，2011 年达 177164 百万美元，是 2008 年的 1.25 倍。虽然面临国际金融危机和海内外市场经济不景气的局面，但是还是保持了较快增长速度，其中上海市和江苏省出口总额较好，分别为 77305 百万美元和 90177 百万美元。从长三角区域高新技术产品的进口总额看，2008 年为 190230 百万美元，2011 年达 238963 百万美元，是 2008 年的 1.26 倍，其中上海市 93082 百万美元，江苏省 130342 百万美元，浙江省 15539 百万美元，均位居全国前列。以上数据可以看出，无论是出口总额还是进口总额，都呈现了快速增长的态势，显示出长三角区域物联网产业未来的需求潜力，是物联网产业组织发展外在根本动力。具体情况，如图 2.23 所示。

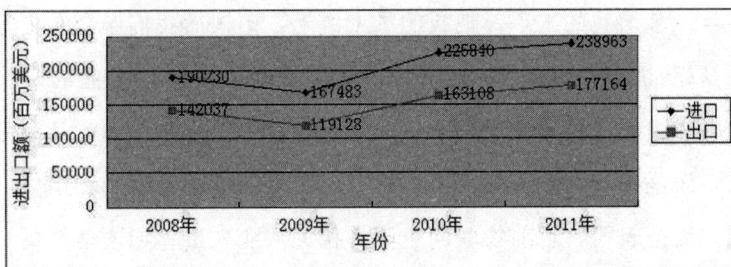

图 2.23　2008－2011 年长三角区域高新技术产品进出口额

[数据来源：同上]

四、分析结果

（一）内部驱动力

企业内部因素对物联网产业组织的成长起根本性的决定作用，为产业组织的成长提供其所需要的资源和能力，并形成成长动力。这些成长动力主要包括企业制度、企业员工、企业家、企业组织机构、企业资金、信息技术、企业文化等在内的相互影响、相互制约，共同组成的不断发展演化的企业内部系统。内部驱动力主要体现在企业人力资源、企业管理水平、企业技术创新能力、企业文化四个方面。

1. 企业人力资源

人力资源作为组织成长的重要资源，是企业竞争的关键。企业的人力资源主要由两方面组成，一方面是企业员工，另一方面是企业家或企业管理者。

企业员工是构成企业这个复杂系统的最基本的主体，不仅是企业成长和竞争的关键、可再生、可持续发展的资源，而且是企业经营中的重要资本，一个企业的员工素质和人才储备质量不仅决定了企业当前能否高效率地运转，而且间接决定了企业未来的成功或失败。创办卡耐基管理的安德鲁·卡耐基曾说过："带走我的员工，把我的工厂留下，不久后工厂就会长满杂草；拿走我的工厂，把我的员工留下，不久后我们还会有更好的工厂。"所以和机器、设备、工厂等相比而言，企业员工对企业的成长极其重要，因为企业的经营绩效是通过向顾客有效地提供企业的产品和服务体现出来，而这些产品和服务又出自于企业员工的设计、生产和销售。根据国家统计数据表明，目前物联网企业的相关从业人员，如通信设备、计算机及其他电子设备制造业以及信息传输、计算机服务和软件业的从业人数数量曾上升趋势，具体参见图 2.24[①]。

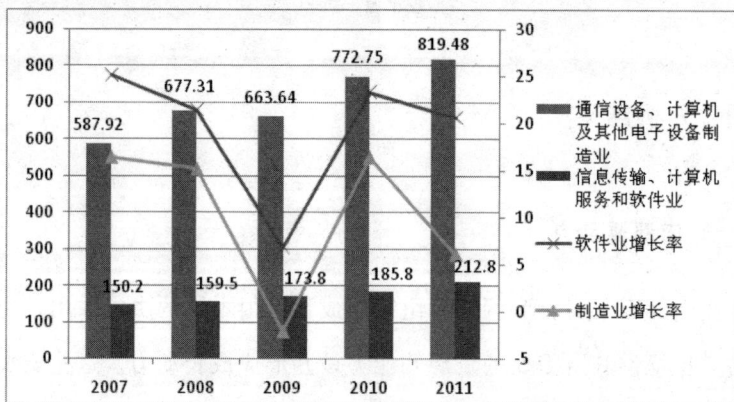

图 2.24　2007－2011 年我国物联网相关企业从业人员趋势图（单位：人）

[①]　资料来源于《国家统计年鉴》、《第三产业统计年鉴》、《中国工业经济统计年鉴》、各产业经济网站、国民经济统计年报等

企业家是构成企业人力资源的又一重要资本，是企业成长过程中能动性的影响因素。企业家在企业成长中起到重要的作用，企业的成功很大程度上取决于企业家素质的高低，尤其像物联网这样新兴的企业，处于企业成长的初期，企业家的锐意进取、开拓创新、务实求强等精神，在企业成长中会起着关键性的作用。企业家或企业经营者是企业重要决定的决策者，强有力的管理者能够识别企业成长过程中的各种问题、机遇，制定高瞻远瞩的竞争战略，加快企业成长。

2. 企业管理水平

企业管理水平直接决定了企业的经营效率，加强企业管理，提高企业管理现代化水平是企业成长、生存和发展永恒的主题。企业管理的主要对象包括组织、人、财务等重要的基本资源，还有衍生出的企业组织制度、组织结构、人力资源管理、财务资源管理等管理的主要模块。

（1）企业组织制度和结构

组织是企业管理职能中的基本职能，企业的组织能力不仅包括企业组织日常工作的能力，还包括组织获得生存和发展的能力，组织状况决定着企业的组织行为，也决定了组织运行的效率和绩效的高低，良好的组织会促使组织中的各方力量以一种独特的方式结合在一起，形成一个有效的协作系统，促进共同目标的实现。

企业组织能力可以通过企业最基本的组织制度和结构体现出来。现代企业的组织制度，一般采用企业所有权和经营权相分离的原则，以及由此派生出的企业决策权、执行权和监督权三权分立的原则，进而形成股东大会、董事会、监事会和经理层并存的组织机构框架，按其职能分别形成权力机构、执行机构、监督机构和管理机构。例如，当前物联网企业领头羊"同方股份"公司就采用此形式的组织结构，如图 2.25。股东大会作为权力机构，由国家授权投资的机构或部门以其他出资者选派代表产生，拥有决议的最终决策权；董事会作为企业的常设机构，是股东大会的执行机构，负责制定企业的大政方针、战略决策、投资方向和收益分配等任务；监事会作为企业的又一常设机构，主要职能是对董事会和经理人员行使职权的活动进行监督，审核企业的财务和资产状况等；经理层包括总经理、副总经理及部门经理等，负责企业的日常经营活动。

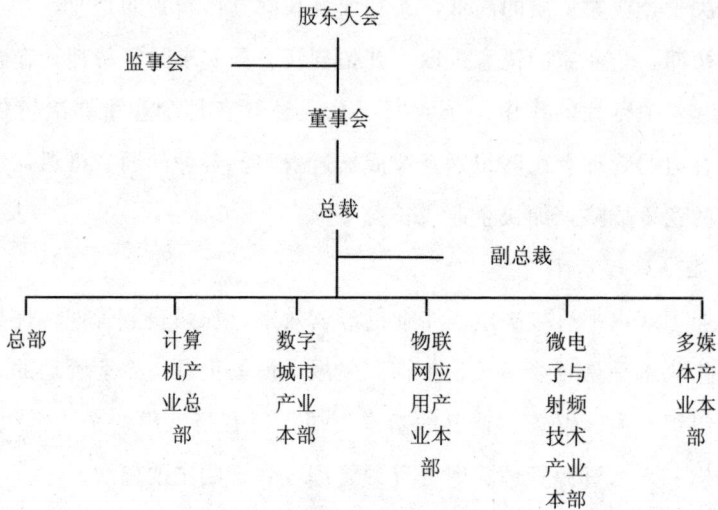

图 2.25　同方股份有限公司组织结构图

（2）企业人力资源管理

企业人力资源管理是企业管理的一个重要组成部分，概括地说，它是为了实现企业战略目标，通过一整套科学有效的方法，对企业全体人员进行的管理，主要包括人力资源规划、员工招聘和配置、培训与开发、绩效管理、薪酬管理、劳动关系管理等六大模块。

以新大陆科技集团为例，作为国内领先的集物联网核心技术、核心产品、行业应用和商业模式创新于一身的综合性物联网企业，非常重视企业人力资源的管理。该企业强调人力资本是企业发展的第一资源，通过对人力资本的大量投入和开发，实现人力资本的增值，以保障企业不断创新，并获得可持续发展。新大陆以公开招聘、全面考核、择优录取为原则，从学识、品德、能力、经验、符合岗位要求等方面进行全面审核，精心选拔各类优秀人才；强调给予员工平等的事业机会和平台，而不唯学历和资历，努力做到人尽其才；不断改善员工薪酬福利和工作环境，给员工提供丰富的培训、教育机会；通过人才激励机制和办法，激发员工潜能，取得更大的进步。

（3）企业财务资源管理

企业资产偿债能力、获利能力、资产运作效率等企业财务状况是影响企业成长的重要因素，稳定的财务状况和雄厚的资产是企业成长的综合表现，也是企业进行生产经营活动的物质基础和必备条件，资产质量的优劣直接影响和制约着企业经营的成败和兴衰，对于物联网企业，企业财务资源管理同样也是企业成长过程中一项重要活动。

3. 企业技术创新能力

技术创新是企业获取市场竞争优势的关键手段，谁掌握了产品开发与设计的主动权，谁就能开发出高性能、低成本、满足消费者需求的产品，并率先闯入市场，谁就能优先赢得竞争优势，获取市场效益。可见，企业只有不断地进行技术创新，才能创造出新的市场需求，进而带动企业的成长与发展。企业技术创新能力来源于企业内部的研究开发和其他技术性活动的智力资本投入，在企业实际运作过程中，需要企业不断投入智力资本和资金资本，才能更好地为企业创造财富。

物联网企业作为一种知识和技术密集型企业，技术创新能力同样也是企业发展的关键。物联网尚处在孕育发展阶段，在技术创新方面，由于研究初期投入大、风险高、周期长，缺乏用户需求的持久动力，产业化应用成熟度较低，导致企业跟进参与的热情不高，大多数企业都只是在做局部的产品研发和小规模的应用实验，还难以形成规模化的产业发展格局，因而，目前我国物联网技术仍存在技术分散、单一，核心关键技术薄弱，整体技术集成创新能力弱，产业化应用服务环境差等众多问题，整体创新实力有待进一步提升。

当前，大多数物联网企业主要围绕以下技术进行研发设计：

射频识别（RFID）技术。是一种无线通信技术，可以通过无线电信号识别特定目标并读写相关数据，而无需识别系统与特定目标之间建立机械或者光学接触。目前，我国 RFID 企业总数虽然超过 100 家，但是缺乏关键技术，特别是高频 RFID 技术。从芯片、天线、标签和读写器等硬件产品看，低高频 RFID 技术门槛较低，国内发展较早，技术较为成熟，产品应用广泛，目前处于完全竞争状况；超高频 RFID 技术门槛较高，国内发展较晚，技术相对欠缺，从事超高频 RFID 产品生产的企业很少，更缺少具有自主知识产权的创新型企业。

二维码技术。中国的条码产业起步较晚，首先采取了先引进国外技术的策略，原有的二维码国家标准是从美国 PDF417 码和日本的 QR 码翻译过来的，其次，随着国内技术不断创新，自主二维码技术开始出现，并逐步得到国家认同和推荐。

无线传感器网络技术。是一种由部署在监测区域内大量的廉价微型传感器节点，通过无线通信方式形成的一个多跳自组织网络的技术手段。目前，在国家城市发展计划的推动下，无线传感器网络技术在市场应用方面也得到了大规模的推广，基于 WIFI、Mesh 技术的无线宽带网络具有高宽带、低成本、灵活方便的优势，不仅在社会公共领域，而且在局域网领域也得到了应用，如无线数字小区、无线监控、无线分机等，我国无线热点、无线热区和无线城市的发展势头也十分强劲，逐步从沿海地区向内地发展。

4. 企业文化

企业文化是企业员工在长期经营活动中形成的一套观念、信念、价值和行为准则以及由此导致的行为模式。世界各国几乎所有优秀企业的成功经验都无一例外地说明了企业文化对企业成长的重要作用。美国学者约翰·科特对美国 22 行业中的 207 家公司进行实证研究发现：企业文化对企业长期经营业绩有着重大作用，那些重视所有关键管理要素、重视各级管理人员的领导艺术的公司，其经营业绩远远胜于那些没有企业文化特征的公司。企业文化是企业核心能力的重要表现，企业核心能力存在于组织内部的人、机构、资产等各项载体中，可以通过企业文化外在的、具体的体现出来；企业文化对企业组织学习与创新有着重要的推动力量，推动企业员工追求卓越、不断创新；企业文化是企业获取竞争优势的重要手段，企业的文化氛围有利于企业形成内部凝聚力，是企业成长活力的源泉。

物联网企业的成长同样也需要"企业文化"这种个性因素的融入，帮助企业长期稳定的发展。例如，同方股份，作为物联网企业中的领头羊，就是秉承"'自强不息，厚德载物'清华大学校训，以'科教兴国'为己任，探索高科技产业发展之路；不断超越自我，建立现代企业管理制度，逐步实施品牌化、集团化、国际化三大战略，创建世界一流高科技企业"这一企业文化精髓，逐步把企业建设成世界一流的物联网企业。厦门信达在"诚信、创新、服务"核心价值观的引导下，逐步发展成为我国物联网企业中 RFID 技术的主力供应商。

（二）长三角区域物联网产业组织发展驱动力

1. 企业资源

在科技活动人员方面，长三角区域大中型工业企业吸引了大量的研发人员，并呈逐年增长趋势，为物联网相关技术领域提供人才支撑，但是还相对缺乏核心技术型人才和物联网管理型人才；在物联网产业链芯片设计制造、无线传感器网络设计研发、网络设备制造、物联网系统集成和物联网运营及相关内容服务等方面，长三角区域集中了大量的通信设备、计算机及其他电子设备制造业等关联企业，为物联网产业组织发展提供重要的基础设施要素；在科研基础方面，长三角区域科技进步水平指数高于全国平均水平，专利申请授权量占据全国的 40% 左右，是企业技术实力的重要体现。可以说，丰富的企业资源要素为长三角地区物联网产业组织的发展提供了坚实的基础。

2. 产业链资本

在科研项目基础方面，长三角区域拥有大量的科研院校、高新技术产业开发区、经济技术开发区、国家火炬计划软件产业基地、物联网相关服务平台等科研基础资源，为物联网产业链提供重要的知识资本；在科技研发力度方面，长三角区域企业和政府对科技投入的力度较大，而且呈逐年快速增长趋势，显示出长三角区域物联网产业组织的发展有着良好的资金环境；在科技创新氛围方面，长三角区域的 R&D 强度逐步提高，尤其是上海市，连续多年位居全国第二；在关联产业基础方面，长三角区域在电子信息、通信、软件、互联网等高新技术产业方面的领先优势，为完善物联网产业链奠定良好基础；在政府资金支持方面，上海市和江苏省在政府资金支持方面的力度较大，显示出政府重视物联网产业的程度。总之，发达的产业链资本要素为长三角区域物联网产业组织发展提供了重要推动力。

3. 政策环境

国务院及各部委和长三角各地方政府纷纷出台物联网相关政策，从政策、应用、资金等多层面提出指导意见。但是就规划而言，产业规划类同，缺乏区域顶层设计的战略视野。总的来说，对于处于初期阶段的物联网产业组织来说，政府政策发挥着扶持、推动和培育的作用。

4. 市场环境

在地区经济基础方面，长三角地区是我国经济最为发达的区域之一，区域 GDP 总量和人均 GDP 均位居全国前列，具备支持物联网产品消费的能力；在物联网应用方面，长三角地区市场规模大，高新技术产品进出口总值均位居全国区域首位，显示物联网应用的未来潜力。总之，以应用为先导的物联网产业，广阔的市场前景是产业组织发展的外在动力之源。

第3章　物联网产业组织的 S
——市场结构分析

一、物联网产业组织市场结构的具体内容

(一) 物联网产业组织市场结构概念界定

市场结构，是指对市场竞争程度及价格形成机制产生战略性影响的市场组织特征，包括卖方之间的关系、买方之间的关系、买卖双方之间的关系以及市场上现有的买方、卖方与正在进入或可能进入该市场的买方、卖方之间的关系。

物联网产业组织的市场结构是指物联网企业与企业之间以及物联网企业与消费者之间关系的特征和形式。影响物联网产业组织市场结构的主要指标有企业数量和规模、市场集中度、进入和退出壁垒、产品差异化、市场需求等。此外，产业组织驱动力、市场行为也会对物联网产业组织的市场结构产生重要影响。

(二) 市场总体特征[①]

物联网产业组织的市场总体特征可以从产业规模、行业分布、区域布

[①]　王小锋，郑淑蓉. 基于 SCP 范式的我国物联网产业研究. 科技管理研究，2014（3）：111－116

局、城市布局四个方面进行考察。

1. 产业规模

在产业链层级上，物联网产业由支撑层、感知层、传输层、平台层和应用层五个层级组成。2011 年中国物联网产业规模达 2627.4 亿元，同比增长 30.2％。其中，支撑层、感知层、传输层、平台层和应用层规模分别为 71.9 亿元、577.1 亿元、870.0 亿元、984.3 亿元和 124.1 亿元，各层在整个产业中的占比分别为 2.7％、22.0％、33.1％、37.5％和 4.7％。在感知层、传输层中存在大量的中小企业，竞争最为激烈。

2. 行业分布

在行业应用方面，智能工业、智能物流、智能交通、智能电网、智能医疗、智能农业和智能环保占据中国物联网市场的主要份额。其中，工业、物流、交通容易与物联网技术结合形成规模经济，市场前景看好，占了较大的市场份额，分别为 20.0％、10.8％和 8.3％。

3. 区域布局

在产业布局上，物联网呈现区域聚集发展态势。目前国内已经初步形成了环渤海、长三角、珠三角以及中西部地区等四大区域聚集发展的总体产业空间布局，从发展趋势看，这些区域会得到继续加强和集中，作为国内物联网产业的聚集地，这四大区域的企业分布密集，研发机构众多，产业氛围良好，优越的发展条件将会吸引更多的资源要素向这些区域汇集。

4. 城市布局

在城市布局上，物联网产业表现为以信息产业强市为依托。北京、上海、杭州、深圳、无锡、广州、武汉和成都等城市已经处于物联网产业发展的领先地位，在未来的发展过程中，这些城市将继续引领物联网产业的技术进步和产业扩大，并以这些大城市为中心，形成多个物联网产业发展的集聚区。

(三) 市场集中度

市场集中度是对整个行业的市场结构集中程度的具体反映，是市场势力的重要量化指标。物联网产业链主要环节是设备制造商、系统集成商与物联网运营商。据统计，2011 年物联网设备制造商市场销售额为 500 多亿元，涉及 RFID、无线传感器、智能卡和读写器等产品。2011 年物联网"概念股"板块中有 36 家上市公司，其中有 11 家上市公司的主营业务涉及物联网设备制造，市场销售额合计 92.35 亿元，占总体市场份额的 17％左右，如表 3.1 所示。根据贝恩对行业集中度的划分，我国物联网设备制造市场结构属于原子型，中小企业数量众多，无集中现象。系统集成商是针对不同的应用行业提供解决方案，如智能交通、智能电网、智能物流、智能建筑等领域，市场处于割据状态，集中度较低。中国移动、中国联通拥有覆盖全国的网络资源，属于物联网产业链中的网络运营商，市场集中度极高。

表 3.1 2011 年物联网设备制造商上市公司市场销售额

上市公司	市场销售额（亿元）
厦门信达股份有限公司	29.94
大唐高鸿数据网络技术股份有限公司	8.93
新大陆科技集团公司	9.75
东信和平科技股份有限公司	9.32
恒宝股份有限公司	7.72
北京北斗星通导航技术股份有限公司	4.85
深圳市飞马国际供应链股份有限公司	2.48
清华同方股份有限公司	10.45
上海贝岭股份有限公司	5.99
航天信息股份有限公司	26.78
深圳市望远谷信息技术股份有限公司	30.81
合计	92.35

［资料来源：根据 2011 年沪深两市物联网"概念股"板块上市公司年度财务报告整理所得］

（四）进入及退出壁垒

物联网企业进入市场的主要阻碍因素表现为规模经济壁垒、资金需求壁垒和技术壁垒。

规模经济壁垒。要求物联网企业必须以大规模生产的方式进入市场。传感设备价格相对较高、高端传感器进口成本居高不下，致使产量必须达到一定的规模才能获取利润。

资金需求壁垒。要求物联网企业拥有雄厚的资金实力，用于研发、广告和市场推广等。

技术壁垒。要求物联网企业具备较高的科研能力，进入者需要在产业链中掌握核心技术。我国各省市纷纷建立了物联网产业园区，但是个别园区缺乏核心技术，生产活动定位处于产业价值链的低端，很难起到引领区域经济发展的作用。

影响物联网企业退出市场的主要阻碍因素有：物联网产业初期投入大，设备专用性比较强，在退出时因不能全部转让而造成较大的沉没成本；物联网应用领域广泛，退出时会对相关行业造成一定的损失；物联网企业退出需要给解雇工人支付违约金等巨额费用；政府通过制订产业政策和法规来限制物联网企业从产业中退出。

（五）产品差异化

物联网产品可分为实体产品和服务产品两大类。从总体看，一方面，科技含量低、附加值低的产品大量过剩，造成了同行业的过度竞争，引发价格战；另一方面，科技含量高、附加值高的产品研发不足，造成依赖进口。

从产业链看，在物联网产业链的上游，集中了大量的中小设备提供商，产品主要包括电子标签、读写器模块、读写设备、读写器天线、智能卡、网络设备等，科技含量较低，产品差异化不明显。

在物联网产业链的中游，系统集成商根据客户需求，将物联网的硬件和软件集成为一个完整的解决方案，提供专业化的软件产品和解决方案，产品差异化相对比较明显。

在物联网产业链的下游，网络运营商主要提供数据的传输，业务运营商为终端客户提供终端统一的终端设备鉴权、计费服务，服务比较单一。

二、物联网产业组织的空间分异态势

(一) 概念界定

张永凯 (2010) 认为，空间分异是一段时期某一范围内各个要素及其综合要素在空间上存在的差异性，表明事物及其衍生现象并不能够均匀地发生在一定的区域，例如产品、物料、技术和人才等由于地理禀赋和人类活动而在一些区域形成聚集分布，而在另外一些区域形成分散分布，这一现象解释了区域经济学中事物发展的基本空间格局问题[①]。肖智峰 (2011) 指出，空间分异是指事物本身及其衍生体在空间上存在的差异性分布，这种差异性分布是由于事物及其衍生体具有差别的特定属性在空间上形成的集聚或分散现象[②]。空间分异与空间差异是不能轻易等同的，空间分异不仅包含空间差异，而且通过时间推演过程丰富空间差异的内涵，它是一个复杂动态的空间动态过程，而空间差异所阐释的则为静态描述。

探讨物联网产业组织由投资引起的空间分异态势，不仅揭示了物联网产业投资的空间集聚特征，而且还反映了物联网产学研企业、示范试点项目、产业联盟等相关指标的市场行为特征，经济、人才、信息化和政策等关键动因直接影响物联网产业组织的空间动态过程和发展趋势。

(二) 省际区域物联网产业投资的空间分布

物联网产业作为信息化战略的新动力，被纳入国家战略性新兴产业体系中，有利于吸引投资，创造新一轮的经济效益和社会效益，迎接信息产业快速发展和布局调整的新机遇。

---

① 张永凯. 全球 R&D 活动的空间分异与新兴研发经济体的崛起 [硕士学位论文]. 华东师范大学，2010

② 肖智峰. 西安市区中学教育设施空间分异研究 [硕士学位论文]. 西安建筑科技大学，2011

1. 省际区域物联网产业投资总概况

表 3.2 是我国 31 个省市 2004－2011 年物联网产业投资值情况。从中可以醒目地看出，全国物联网产业投资值呈现逐年递增趋势，2011 年全国物联网产业投资值约为 2004 年的 3 倍。物联网产业投资值始终处于高水平的投资活跃区域分别为江苏、广东、山东和北京，而物联网产业投资值一直处于低水平的省际主要有青海、西藏、宁夏和海南，其中青海省每年物联网产业投资值一直处于全国最低值，2011 年青海省物联网产业投资值不到江苏省物联网产业投资值的 0.5%，说明我国物联网产业投资在空间上存在不均衡特征。

表 3.2　2004－2011 年我国物联网产业投资值（单位：亿元）

省（市）	2004	2005	2006	2007	2008	2009	2010	2011
北　京	203.18	187.79	150.93	150.38	171.90	220.46	335.96	423.74
天　津	81.51	76.03	75.16	87.65	149.68	132.82	165.25	293.95
河　北	107.97	127.58	151.11	162.36	189.11	156.69	172.70	236.64
山　西	41.94	52.55	65.63	90.93	114.36	121.19	88.15	68.32
内蒙古	31.33	42.08	40.14	80.97	69.46	105.99	114.57	130.39
辽　宁	87.47	104.32	186.01	205.42	317.52	433.49	473.54	346.83
吉　林	30.43	41.56	70.62	73.58	98.08	124.69	124.66	84.56
黑龙江	84.31	98.58	114.88	162.06	194.85	222.62	110.92	122.88
上　海	236.55	171.50	270.63	285.25	250.57	200.94	301.80	322.08
江　苏	267.96	348.78	538.65	632.67	746.93	795.79	983.63	1614.73
浙　江	151.58	143.44	161.51	196.16	225.80	255.41	267.90	337.38
安　徽	43.36	57.58	74.78	97.33	129.20	222.53	425.44	435.81
福　建	109.04	103.39	122.29	154.00	206.58	219.39	263.24	290.79
江　西	80.52	88.91	100.98	140.05	135.65	239.76	312.09	272.67
山　东	151.49	151.52	223.59	176.80	271.86	415.29	425.93	539.18
河　南	79.77	98.93	159.58	107.87	128.99	170.98	215.70	304.98
湖　北	86.46	84.63	117.47	113.47	172.07	206.15	230.15	248.75
湖　南	65.81	77.05	99.20	104.45	144.27	188.86	245.08	293.53
广　东	472.86	488.91	571.62	584.36	646.04	593.01	705.22	885.23
广　西	52.50	47.78	47.68	59.76	73.12	146.05	145.93	185.56
海　南	13.41	15.63	17.02	14.99	16.80	24.97	25.13	44.09
重　庆	52.88	50.48	63.45	83.40	90.90	119.40	221.97	126.42
四　川	108.27	125.11	142.63	167.31	224.82	311.41	260.36	273.47
贵　州	30.32	34.89	50.41	45.45	54.32	74.25	57.39	30.18

省（市）	2004	2005	2006	2007	2008	2009	2010	2011
云　南	49.32	54.30	53.47	68.83	70.50	78.23	68.37	89.76
西　藏	7.48	13.22	11.95	13.37	10.49	10.13	12.95	6.75
陕　西	79.88	90.33	104.24	135.85	127.74	211.56	257.07	178.36
甘　肃	28.69	24.60	26.78	25.30	29.41	41.88	49.89	64.07
青　海	4.82	2.92	5.95	5.96	5.54	7.84	7.88	7.46
宁　夏	9.52	9.25	7.78	8.86	11.79	14.45	16.96	17.56
新　疆	41.88	61.06	53.76	51.11	62.60	59.75	59.53	69.73
合　计	2892.51	3074.68	3879.89	4285.97	5140.97	6125.97	7145.35	8345.88

［数据来源：根据 2005－2012 年《中国高技术统计年鉴》和《中国第三产业统计年鉴》的数据整理所得］

2. 省际区域物联网产业投资空间特征的可视化描述

省际物联网产业投资呈现特定的空间分布格局：（1）分极化现象显著，物联网产业投资较高值集中在东部沿海区域，中部省份物联网产业投资也明显活跃于西部省份，特别是江苏、广东两省，随着时间的推移物联网产业投资依然保持着高额的稳定状态。（2）呈现集聚分布，全国不仅出现明显的高高集聚特征，如江苏、广东、浙江和山东呈现物联网产业投资高值集聚分布，也有低低集聚特征，如青海、西藏和甘肃呈现物联网产业投资低值集聚分布。（3）物联网产业高投资值省份的辐射效果不一，2004－2011 年间广西和海南没有受到广东省物联网产业投资高增长知识溢出效应的影响，但与全国物联网产业示范省江苏省相邻的安徽省则受到比较明显的溢出效应的影响，出现辐射效果不一的状态。这种辐射效果不一的主要原因与省份信息化产业基础的实力、经济增长的不同支撑点和经济活动对周边地区的扩散程度有很大关系。

（三）省际区域物联网产业投资的空间相关性分析

空间自相关是空间统计分析的基础，是对同一变量不同空间位置上的相关性分析，并对空间单位属性值聚集的程度进行度量和评价[①]。引用

---

① 张松林，张昆．空间自相关局部指标 Moran 指数和 G 指数研究．地测量与地球动力学，2007（3）：31－34

Moran's I 值检验我国 2004—2011 年物联网产业投资在空间上的集聚特征以及演变情况，并通过 Moran 散点图进一步探讨我国物联网产业投资空间自相关的局部特征。

1. 物联网产业投资的 Moran's I 值分析

（1）省际区域物联网产业投资的 Moran's I 值变化图并没有出现明显的集聚趋势，如图 3.1 所示，曲线从 2006 年开始上升，可以判断物联网产业投资省际间没有呈现明显的高高集聚或是低低集聚的空间相关关系，而是一种高投资值省域被低投资值省域包围，或是低投资值省域被高投资值省域包围的趋势。

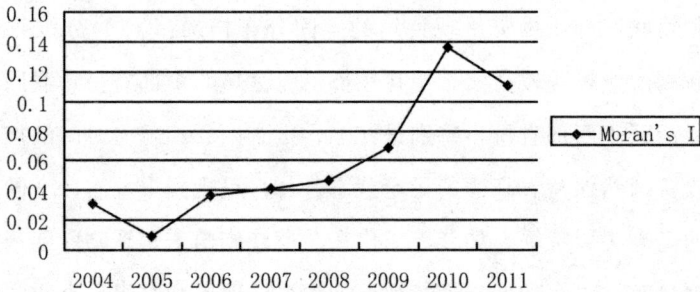

图 3.1　2004—2011 年我国物联网产业投资值 Moran's I 值变化趋势

（2）通过对 Moran's I 值的标准化处理，结果见表 3.3。2004—2009 年 Z 值得分都大于 0 且均小于 1.96，表明物联网产业投资在省际间的分布自相关不明显；2010—2011 年 Z 值得分都大于 1.96，表明物联网产业投资在省际间的分布存在正相关关系，且分布为集聚的，但似然值小于 5%，此集聚分布可能是随机产生的结果。综上所述，我国物联网产业投资在空间上没有呈现明显的集聚现象。

表 3.3　2004—2011 年我国物联网产业投资值的 Moran's I 值

年份	Moran's I 统计值	Moran's I 期望值	方差	Z 得分	P 值
2004	0.030761	−0.033333	0.004843	0.921004	0.357048
2005	0.009114	−0.033333	0.004772	0.614469	0.538905
2006	0.036619	−0.033333	0.005049	0.984482	0.324879
2007	0.041157	−0.033333	0.004958	1.057945	0.290080

年份	Moran's I 统计值	Moran's I 期望值	方差	Z 得分	P 值
2008	0.047038	−0.033333	0.005038	1.132357	0.257484
2009	0.068553	−0.033333	0.005329	1.395706	0.162803
2010	0.136581*	−0.033333	0.005279	2.338503	0.019361
2011	0.110666*	−0.033333	0.004254	2.207667	0.027267

注释：＊表示 5% 的显著水平。

2. 物联网产业投资的 Moran 散点图分析

（1）为验证以上推论，利用 GeoDa 软件对 2004－2011 年物联网产业投资值进行局部 Moran 分析，Moran 散点图四个象限的空间位置如图 3.2 所示，并选择 999 序列对结果重复运行，使结果趋于稳定，得到 Moran 散点图如图 3.3 所示。

第 2 象限	第 1 象限
低－高关联　　LH	高－高关联　　HH
第 3 象限	第 4 象限
低－低关联　　LL	高－低关联　　HL

图 3.2　Moran 散点图四个象限的空间位置

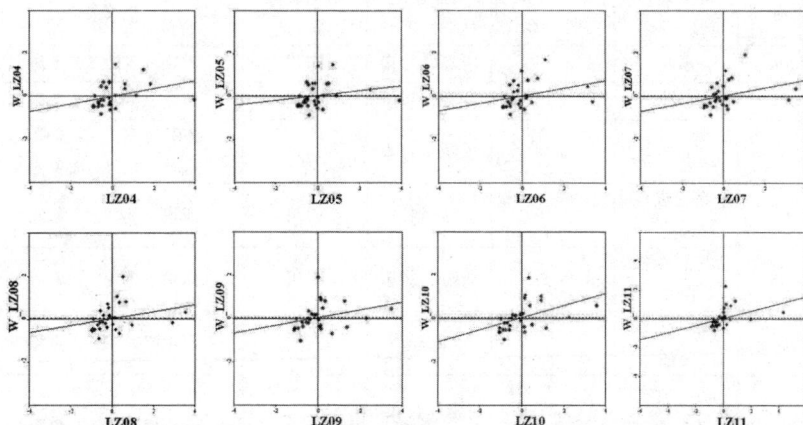

图 3.3　2004－2011 年我国物联网产业投资的 Moran 散点图

注释：从 2004－2011 年的变化趋势看，第 1、第 3 象限为散点集聚区

（2）从 2004－2011 年物联网产业投资八年的 Moran 散点图看省际的变化情况，可得到结果见表 3.4。其一，省际物联网产业投资的正相关性

逐渐增强，位于第 1、3 象限的省市个数总体上有所增加，位于第 2、4 象限的省市个数变化不大。其二，物联网产业投资发达的省市仍占少数，在考虑显著性水平条件下，位于第 1、3 象限的省市个数总体上高于位于第 2、4 象限的省市个数，说明我国部分省市物联网产业投资存在较为明显的正相关关系。其三，在考虑显著性水平条件下，位于第 1 象限的省市主要集中在东部沿海，以及与东部沿海相邻的中部省域；位于第 3 象限的省市主要集中在西北省域；位于第 2、4 象限的主要集中在中部省域，其中海南省一直位于跨第 2、3 象限，说明海南省及其相邻省域保持相似的低投资值水平或是被高投资值包围；四川省 2011 年以前位于第 4 象限，2011 年位于跨第 3、4 象限，说明四川省正逐渐走出物联网产业投资值高省域的行列，可能被周围低值省域同化，换言之四川省对周围投资值低的省域的带动作用有减弱趋势。其四，我国物联网产业投资在 2010－2011 年逐渐趋于稳定的空间分布格局，初步形成东部五省市高值集聚区和西北四省市低值集聚区的空间分布格局。

表 3.4　2004－2011 年我国物联网产业投资的 Moran 散点图情况

年份	第 1 象限（高－高）	第 2 象限（低－高）	第 3 象限（低－低）	第 4 象限（高－低）	跨象限
2004	福建		新疆、甘肃	四川	海南（跨 2－3 象限）
2005	福建		新疆	四川	海南（跨 2－3 象限）
2006	上海	安徽	新疆、甘肃	四川	海南（跨 2－3 象限）、福建（跨 1－2 象限）
2007	上海、浙江、福建		新疆	四川	海南（跨 2－3 象限）
2008	上海、浙江、山东	安徽	新疆、甘肃	四川	海南（跨 2－3 象限）
2009	上海、浙江、安徽		新疆	四川	海南（跨 2－3 象限）
2010	上海、江苏、浙江、山东、安徽		新疆、甘肃、西藏、青海	四川	海南（跨 2－3 象限）
2011	上海、江苏、浙江、山东、安徽		新疆、甘肃、西藏、青海、内蒙古		海南（跨 2－3 象限）、四川（跨 3－4 象限）

注释：表中已忽略显著水平高于 5% 的省市。

（四）结论

当相邻地区观测值的高值或低值在空间上集聚时为正的空间相关性，而当地理区域倾向于被相异值所包围时则为负的空间相关性，这就是所谓的空间依赖（Spatial dependence）或空间相关性[①]。通过 2004－2011 年省际区域物联网产业投资值的数据分析，利用全局空间自相关 Moran's I 指数和局部空间自相关 Moran 散点图，分析我国物联网产业投资的空间集聚特征与空间分布格局，得出以下三点结论：

1. 近 8 年间，省际区域物联网产业投资值均有不同程度的提高，但省际间存在明显差距。物联网产业投资值高的区域集中在江苏、浙江、广东、上海等东部沿海省市，而投资值低的区域主要分布在新疆、西藏、青海、甘肃等西北省域，且物联网产业投资值最低的青海省甚至不到投资值最高的江苏省的 0.5%，说明省际物联网产业投资在空间上存在明显的不均衡特征。

2. 从 2004－2011 年省际物联网产业投资值的 Moran's I 值变化趋势分析发现，全国物联网产业投资值的 Moran's I 值在 2005 年达到最低值后开始略有上升，但总体投资值并没有出现明显的集聚趋势；而对 Moran's I 值进行标准化处理后发现，虽然 2010－2011 年 Z 值得分大于 1.96，表示省际物联网产业投资存在空间上的集聚趋势，但似然值小于 5%，此集聚分布可能存在随机性，即省际物联网产业投资在空间上没有出现显著的集聚趋势，而是一种物联网产业投资值高的省域被低值省域包围，或是低值省域被高值省域包围的趋势。

3. 对 Moran 散点图的分析，剔除显著性水平高于 5% 的省市可以发现以下四种现象：

（1）近 8 年来，60% 以上的省市保持在第 1、3 象限，即这些省市存在与相邻省市一致的物联网产业投资水平；（2）省际物联网产业投资存在明显的正相关关系；（3）物联网产业投资值高的省市主要集中在东部沿海

---

① Thierry Antoine-Santoni, Jean-Francois Santucci, Emmanuelle de Gentili, et al. Performance of a Protected Wireless Sensor Network in a Fire Analysis of Fire Spread and Data Transmission. Sensors，2009，9（8）：5878－5993

少数省域；（4）2010－2011 年初步形成东部沿海五省市高值聚集区和西北四省市低值集聚区的空间分布格局。

三、物联网产业组织空间分异态势的关键动因

（一）空间回归分析的数据来源与方法

1. 数据来源

经济、人才、信息化和政策四因素作为我国物联网产业空间分异的关键动因。除了物联网产业属性的数据之外，还需要有全国各省（市、区）生产总值、高等教育专业学生数和互联网普及率等数据。这些数据来源于 2007－2011 年《中国统计年鉴》[①] 和 29－31 届《中国互联网络发展状况统计报告》[②]，文中都是用单年份的数据进行分析。研究区域是中国大陆 31 个省（区、市），简称各省域。利用 Open Goeda 空间统计软件进行数据分析和 arcGIS10.0 软件进行专题地图可视化制作。

2. 空间回归方法

在没有空间自相关的情况下，即空间上相互独立时，可以使用通常的 OLS 回归模型来进行分析。如果变量值存在空间自相关时，则需要使用空间回归模型。本研究采用一般 OLS 回归分析和具有空间效应的空间常系数回归模型两种方法，其中空间回归统计模型包括空间滞后模型（Spatial Lag Model，SLM）与空间误差模型（Spatial Error Model，SEM）两种。

一般回归模型用矩阵形式表示为：

$$Y = X\beta + \varepsilon \tag{3.1}$$

式中：Y 是因变量，写成 n 个观察值的向量形式；X 代表 m 个自变量，每个自变量有 n 个观察值，所以是一个 $n \times m$ 矩阵；β 是对应于 m 个自变量的回归系数，也写作向量形式；ε 是随机误差向量，或称残差向量，残差向量的分布要求是相互独立的且中值为 0。

---

① 国家统计局编. 中国统计年鉴 2011. 北京：中国统计出版社，2011
② 中国互联网络信息中心编著. 第 29 届中国互联网络发展状况统计报告. 中国互联网络信息中心 http://www.cnnic.cn/，2012 年 1 月

当空间自相关存在时，残差就不再相互独立，所以一般 OLS 回归模型不再适用，本章主要讨论两个常用的最大似然估计法，来解决这种情况。第一个是空间滞后模型，其中包括空间滞后项 W_v 和解释变量 X。公式表示为：

$$Y = \rho W_v + X\beta + \varepsilon \tag{3.2}$$

式中：ε 是误差项向量，ρ 是空间自回归系数。空间滞后 W_v 在空间相关形式上被表示为附加回归量 W_v，可用来估计模型中空间相关关系的程度，亦可调整其它解释变量对空间相关关系的影响后，估计这些解释变量的显著性。其中 W_v 定义为：

$$Y_{i,-1} = \sum_i W_{ij} X_j / \sum_i W_{ij} \tag{3.3}$$

重新组织（3.2）式可以写成：

$$(I - \rho W) Y = X\beta + \varepsilon$$

假如矩阵（$I - \rho W$）是可逆的，则上式可变为：

$$Y = (I - \rho W)^{-1} X\beta + (I - \rho W)^{-1} \varepsilon \tag{3.4}$$

上式是空间滞后模型的终结式。可以看出，每个在 i 地区的值 Y_i 不仅仅与这个地区的 X_i 有关（就像一般 OLS 回归分析那样），同时，通过乘以一个空间因子（$I - \rho W$）$^{-1}$，也受其他地区的 X_i 值影响。

第二个是 SEM 空间误差模型，空间滞后模型强调因变量在空间上是自相关的，而空间误差模型是把误差看做是空间上自相关的。模型表示为：

$$Y = X\beta + \mu \tag{3.5}$$

其中，误差 μ 又可用它的空间滞后来表示，也就是：

$$\mu + \lambda W_\mu + \varepsilon \tag{3.6}$$

式中，λ 表示自回归参数；μ 为随机误差项向量；ε 为正态分布的随机误差向量。参数 λ 衡量了样本观察值中空间依赖作用，即相邻地域观察值 Y 对本地域观察值 Y 的影响程度和方向，参数 β 反映了自变量 X 对因变量 Y 的影响。

解方程（3.6）得到 μ，代入（3.5）得到终极模型：

$$Y = X\beta + (1 - \lambda W)^{-1} \varepsilon \tag{3.7}$$

上式说明每个地域 i 的值 Y_i 值是受所有其他地域 j 上的随机误差 ε_i 影

响，影响系数为 $(1-\lambda W)^{-1}$。SEM 的空间依赖作用存在于扰动误差项之中，衡量了邻接地域关于因变量的误差冲击对本地域观察值的影响程度。

在两个空间模型的选择上，可通过检验两个拉格朗日乘数（Lagrange Multiplier）来决定，即 LMLAG 和稳健的 LMLAG（R＿LMlag）以及 LMERROR 和稳健的 LMERROR（R＿LMerror）。若 LM＿lag 和 LM＿Error 都不显著，则还是选择 OLS 回归的结果。如果 LM＿lag 显著而 LM＿Error 不显著，那么选空间滞后模型，若 LM＿lag 不显著而 LM＿Error 显著，那么选空间误差模型；若 LM＿lag 和 LM＿Error 都显著，就由 R＿LMlag 和 R＿LMerror 的显著性决定应用哪个空间依赖模型。若 R＿LMlag 显著，那么选择空间滞后模型，若 R＿LMerror 显著，那么选择空间误差模型。详细的空间回归模型选择流程如图 3.4 所示[①]。

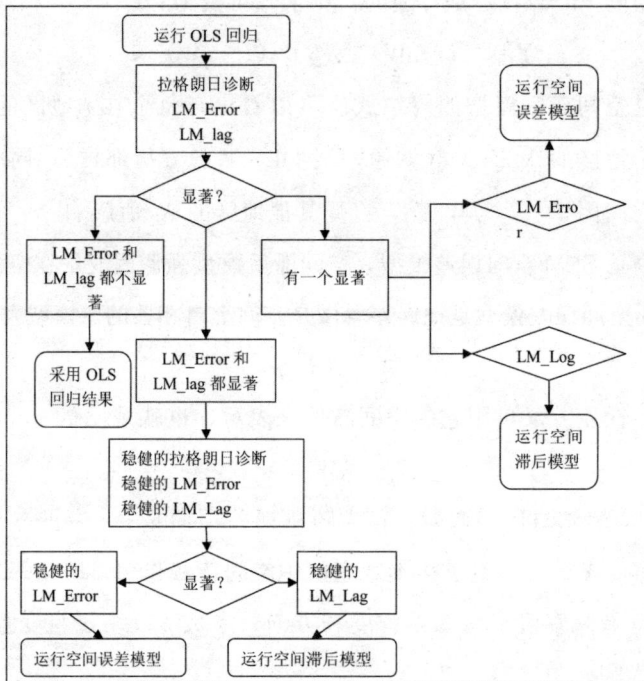

图 3.4　空间回归模型选择流程

① Anselin L. Exploring spatial data with GeoDa：a work book 2005

（二）物联网产业组织空间分异态势的关键动因

1. 经济发展水平

据统计，2011 年国内生产总值 471564 亿元，比上年增长 9.2%，同期回落 1.2 个百分点，其中第三产业增加值 203260 亿元，增长 8.9%，同期回落 0.6 个百分点，但总体经济形势保持稳定增长态势[①]。如图 3.5 所示。

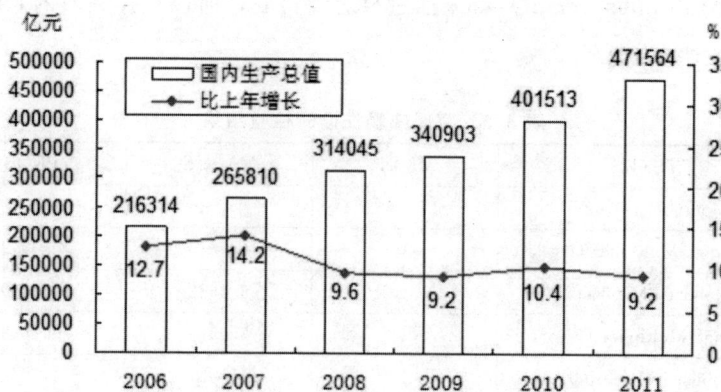

图 3.5　2006—2011 年国内生产总值及其增长速度

各省（区、市）经济也呈现不同程度的增长态势，一方面，2010—2011 年东部沿海城市生产总值均超过平均值，且高于中西部地区，其中广东、江苏、山东、浙江四省位居前四。另一方面，从生产总值同比增长率看，超过半数以上的省（区、市）超 20%，其中 2010 年广东、北京、上海一线省市生产总值同比增长率位居前列，中西部一些省份经济增速浮动更大，如山西、新疆省份同比增长超 25%，但 2011 年广东、北京、上海一线省市生产总值同比增长率大幅下降，因为这些地区经济比较开放，容易受国际金融动荡的影响。此外，交通运输、仓储和邮政业、信息传输、计算机服务和软件业也在逐年上升，这表明稳定增长的经济环境，将

---

① 中华人民共和国国家统计局．中华人民共和国 2011 年国民经济和社会发展统计公报．http：//www.stats.gov.cn/tjgb/，2012 年 2 月

成为我国各省市物联网产业发展的重要保证。

以 GDP2010－2011 单年数据为自变量，对应年份物联网产业投资值为因变量，加载地理权重矩阵，首先运行 OLS 回归，然后依次运行空间滞后模型（Spatial Lag Model）和空间误差模型（Spatial Error Model）。结果见表 3.5，2010 年 Lagrange Multiplier（lag）通过显著性检验，但 Lagrange Multiplier（error）未通过显著性检验，所以选择 Lagrange Multiplier（lag）方法；而 2011 年 Lagrange Multiplier（lag）和 Lagrange Multiplier（error）都未通过显著性检验，所以选择一般的 OLS 方法分析未尝不可。

表 3.5　空间依赖性诊断检验结果

TEST	MI/DF	VALUE	PROB
Moran's I（error）	−0.0384	N/A	N/A
Lagrange Multiplier（lag）	1	4.9616	0.0259
Robust LM（lag）	1	6.4622	0.0110
Lagrange Multiplier（error）	1	0.0975	0.7548
Robust LM（error）	1	1.5981	0.2062
Lagrange Multiplier（SARMA）	2	6.5597	0.0376

［注：根据 2010 年 GDP 和物联网产业投资值数据所得］

TEST	MI/DF	VALUE	PROB
Moran's I（error）	0.0505	N/A	N/A
Lagrange Multiplier（lag）	1	0.6071	0.4359
Robust LM（lag）	1	0.4521	0.5014
Lagrange Multiplier（error）	1	0.1685	0.6815
Robust LM（error）	1	0.0134	0.9077
Lagrange Multiplier（SARMA）	2	0.6205	0.7332

［注：根据 2011 年 GDP 和物联网产业投资值数据所得］

空间滞后性模型结果见表 3.6，W _ LOG _ F6、CONSTANT（常量）和 LOG _ GDP10 在 0.05 水平下显著，空间滞后模型的结果说明 GDP 对所在地区的物联网产业投资值有明显的正向影响，即 GDP 促进了所在省域的物联网产业发展。一般 OLS 回归模型的结果见表 3.7，很好地通过了显著性检验。其中 GDP 的系数为 1.07，一般 OLS 模型很好的说明经济发展对省域物联网产业具有明显的正向影响。

表 3.6 空间滞后模型结果

Variable	Coefficient	Std. Error	z−value	Prob.
W _ LOG _ F6	0.2472	0.0919	2.6910	0.0071
CONSTANT	−3.4049	0.8139	−4.1832	0.0000
LOG _ GDP10	0.7829	0.0972	8.0589	0.0000

［注：W _ LOG _ F6 为 2010 年各省市物联网产业投资值的对数值。LOG _ GDP10 为 2010 年 31 个省市 GDP 取对数的结果。］

表 3.7 一般 OLS 模型结果

Variable	Coefficient	Std. Error	t−Statistic	Prob.
CONSTANT	−5.0018	1.0471	−4.7768	0.00004
LOG _ GDP11	1.0726	0.1112	9.6444	0.00000

［注：LOG _ GDP11 为 2011 年 31 个省市 GDP 取对数的结果。］

2. 人才基础条件

物联网产业发展的基础是知识，即人才。未来的物联网产业发展将是集劳动密集与知识密集于一体的产业发展模式，其中知识密集更为重要，因此拥有良好的人才氛围、大量可持续进入物联网行业的人才储备就显得十分重要。我国 1999 年以 48％的增幅扩大普通高等教育本专科人才储备，并以每年 13％～38％不等的增幅扩招高等教育人数，且从 2006 年以后以低于 10％的增幅持续增长，到 2011 年普通高等教育本专科招生人数达 682 万人，为物联网产业发展提供大量的潜在人才。

自 2006 年以来，我国各省市高等教育人才不断累积，持续增长，将为物联网产业在全国各省市的发展起到一定的铺垫作用。2011 年我普通高等教育毕业人数达 608 万人，虽每年增速有所放缓，但东中部地区教育人数仍占教育总人数半数以上。为满足国家战略性新兴产业发展所需高素质专业人才的需要，根据《教育部关于公布同意设置的高等学校战略性新兴产业相关本科专业名单的通知》（教高［2010］7 号）和《教育部关于公布 2010 年度高等学校专业设置备案或审批结果的通知》（教高［2011］

4 号）的相关数据统计，2011 年公布 2010 年新增加的物联网相关专业的院校共 59 所，集中分布在江苏、四川、黑龙江、辽宁等省域，共开设新专业 64 个，其中 55 个物联网工程专业，7 个传感网技术专业，2 个智能电网信息工程专业，如表 3.8 所示。

表 3.8　物联网产业相关本科专业名单

序号	主管部门	学校名称	省份	专业名称	学位
1		重庆大学	重庆市	物联网工程	工学
2		中南大学	湖南省	物联网工程	工学
3		西南交通大学	四川省	物联网工程	工学
4		西安交通大学	陕西省	物联网工程	工学
5		武汉理工大学	湖北省	物联网工程	工学
6		武汉大学	湖北省	物联网工程	工学
7		天津大学	天津市	物联网工程	工学
8		四川大学	四川省	物联网工程	工学
9		山东大学	山东省	物联网工程	工学
10		江南大学	江苏省	物联网工程	工学
11		吉林大学	吉林省	物联网工程	工学
12		华中科技大学	湖北省	物联网工程	工学
13	教育部	湖南大学	湖南省	物联网工程	工学
14		河海大学	江苏省	物联网工程	工学
15		合肥工业大学	安徽省	物联网工程	工学
16		东北大学	辽宁省	物联网工程	工学
17		电子科技大学	四川省	物联网工程	工学
18		大连理工大学	辽宁省	物联网工程	工学
19		北京邮电大学	北京市	物联网工程	工学
20		北京科技大学	北京市	物联网工程	工学
21		东南大学	江苏省	传感网技术	工学
22		电子科技大学	四川省	传感网技术	工学
23		大连理工大学	辽宁省	传感网技术	工学
24		江南大学	江苏省	传感网技术	工学
25		华北电力大学	北京市	智能电网信息工程	工学
26	国侨办	华侨大学	福建省	物联网工程	工学

序号	主管部门	学校名称	省份	专业名称	学位
27	工业和信息化部	西北工业大学	陕西省	物联网工程	工学
28		南京航空航天大学	江苏省	物联网工程	工学
29		哈尔滨工业大学	黑龙江省	物联网工程	工学
30		哈尔滨工程大学	黑龙江省	物联网工程	工学
31		北京理工大学	北京市	物联网工程	工学
32	江苏省	苏州大学	江苏省	物联网工程	工学
33		江苏大学	江苏省	物联网工程	工学
34		南京邮电大学	江苏省	物联网工程	工学
35		南京信息工程大学	江苏省	物联网工程	工学
36		江苏科技大学	江苏省	物联网工程	工学
37		常熟理工学院	江苏省	物联网工程	工学
38		苏州大学	江苏省	传感网技术	工学
39		南京邮电大学	江苏省	智能电网信息工程	工学
40		江苏技术师范学院	江苏省	物联网工程	工学
41	黑龙江省	黑龙江大学	黑龙江省	物联网工程	工学
42		哈尔滨理工大学	黑龙江省	传感网技术	工学
43		齐齐哈尔大学	黑龙江省	物联网工程	工学
44	四川省	成都信息工程学院	四川省	物联网工程	工学
45		成都理工大学	四川省	物联网工程	工学
46		西南科技大学	四川省	物联网工程	工学
47	河北省	河北师范大学	河北省	物联网工程	工学
48		河北建筑工程学院	河北省	物联网工程	工学
49	山东省	山东科技大学	山东省	物联网工程	工学
50		青岛科技大学	山东省	物联网工程	工学
51	陕西省	西北大学	陕西省	物联网工程	工学
52		西安理工大学	陕西省	物联网工程	工学
53	河南省	河南科技大学	河南省	物联网工程	工学
54		郑州轻工业学院	河南省	物联网工程	工学
55	江西省	江西财经大学	江西省	物联网工程	工学
56		华东交通大学	江西省	物联网工程	工学
57	交通部	大连海事大学	辽宁省	传感网技术	工学
58	重庆市	重庆邮电大学	重庆市	物联网工程	工学

序号	主管部门	学校名称	省份	专业名称	学位
59	辽宁省	大连东软信息学院	辽宁省	物联网工程	工学
60	吉林省	长春大学	吉林省	物联网工程	工学
61	安徽省	安徽理工大学	安徽省	物联网工程	工学
62	山西省	太原理工大学	山西省	物联网工程	工学
63	甘肃省	兰州交通大学	甘肃省	物联网工程	工学
64	云南省	昆明理工大学	云南省	物联网工程	工学

物联网专业集中分布在东部沿海和中西部分省域的高校。其中江苏有南京航空航天大学、南京邮电大学等 11 所高校，共计 14 个物联网专业；四川包括有四川大学、电子科技大学在内的 6 所高校，共计 7 个物联网专业；黑龙江以哈尔滨工业大学为首的 4 所高校；北京、辽宁和陕西各有 4 所高校，其中辽宁共计有 6 个物联网专业；山东和湖北各有 3 所高校具有物联网专业；河北、河南、安徽、吉林、江西和重庆各有 2 所高校具有物联网专业；福建华侨大学、甘肃兰州交通大学、山西太原理工大学、天津大学和云南昆明理工大学各有 1 个物联网专业。

以物联网专业学校数为自变量，物联网产业投资值为因变量，加载地理权重矩阵，一次运行 OLS 回归、空间滞后模型和空间误差模型。结果如表 3.9 所示，Lagrange Multiplier（lag）和 Lagrange Multiplier（error）都通过了显著性检验，但是 Robust LM（lag）的显著性要优于 Lagrange Multiplier（error）的显著性，所以选择空间滞后模型，而非空间误差模型。

表 3.9 空间依赖性诊断检验结果

TEST	MI/DF	VALUE	PROB
Moran's I (error)	0.367959	N/A	N/A
Lagrange Multiplier (lag)	1	10.7214	0.0011
Robust LM (lag)	1	3.4033	0.0651
Lagrange Multiplier (error)	1	8.9617	0.0028
Robust LM (error)	1	1.6435	0.1998
Lagrange Multiplier (SARMA)	2	12.3650	0.0021

空间滞后模型的结果如表 3.10 所示，其中 W _ LOG _ F6 和 LOG _ IOT _ ED 在 0.001 水平下显著，常量（CONSTANT）在 0.05 水平下显著。空间滞后模型结果说明物联网专业数对所在省域的物联网产业发展具有明显的正向影响，即物联网专业的设置促进了所在省域物联网产业的发展。

表 3.10　空间滞后模型结果

Variable	Coefficient	Std. Error	z－value	Prob.
W _ LOG _ F6	0.4943	0.1239	3.9911	0.0001
CONSTANT	1.9715	0.6204	3.1777	0.0015
LOG _ IOT _ ED	0.7234	0.2174	3.3274	0.0009

［W _ LOG _ F6 为 2010 年各省市物联网产业产值的对数值。LOG _ IOT _ ED 为各省市对数处理物联网专业数值］

3. 信息化建设程度

物联网产业发展离不开信息化，信息化建设推动物联网产业的发展。物联网产业发展是以信息化与工业化"两化融合"为切入点，也是以电信网、有线电视网和计算机通信网"三网融合"为基础的延伸工程。

物联网是互联网的延伸，互联网是物联网产业发展的基础工程。截至 2014 年 12 月底，中国网民数量创历史新高，达 6.49 亿，全年新增网民数量 5059 万人。互联网普及率达 47.9%，较同期提升 3.8 个百分点。

2014 年我国各省市网民规模均显著增长，中国大陆 31 个省（区、市）中网民数量超千万规模的省份已有 22 个。同时，我国互联网发展的省域差异依然存在，北京市的互联网普及率已第二年超七成，达到 72.2%，而贵州、云南、江西等省份互联网普及程度较低且不到 30%。

截至 2014 年，我国有 21 个省市超过全球互联网普及率整体水平，在这 21 个省市中，首先，北京、上海、广东、福建、浙江、天津、辽宁、江苏、山西、海南和新疆等 11 个省市的互联网普及程度超过全国平均水平，这些省市主要集中在东部沿海经济区。其次，宁夏和贵州两地网民数量呈现明显上升趋势，其增长速度分列我国第一、二位。第三，互联网普及率低于我国平均水平且高于全球平均水平的省份有青海、陕西、河北、重庆、山东、宁夏、湖北、内蒙古和吉林九省。

以 2010—2011 年单年互联网普及率和物联网产业投资值为自变量和因变量，加载地理权重矩阵，一次运行 OLS 回归、空间滞后模型和空间误差模型。结果如表 3.11—3.12 所示，2010 年 Lagrange Multiplier（lag）和 Lagrange Multiplier（error）都通过了显著性检验，但是 Lagrange Multiplier（error）没有通过显著性检验，所以选择空间滞后模型，而非空间误差模型。2011 年 Lagrange Multiplier（lag）和 Lagrange Multiplier（error）都没通过了显著性检验，所以选择一般的 OLS 方法分析未尝不可。

表 3.11　空间依赖性诊断检验结果

TEST	MI/DF	VALUE	PROB
Moran's I（error）	0.271414	N/A	N/A
Lagrange Multiplier（lag）	1	9.1860	0.0024
Robust LM（lag）	1	4.4186	0.0355
Lagrange Multiplier（error）	1	4.8759	0.0272
Robust LM（error）	1	0.1085	0.7417
Lagrange Multiplier（SARMA）	2	9.2946	0.0095

［注：2010 年互联网普及率和物联网产业投资值数据所得］

表 3.12　空间依赖性诊断检验结果

TEST	MI/DF	VALUE	PROB
Moran's I（error）	0.283326	N/A	N/A
Lagrange Multiplier（lag）	1	6.3259	0.0118
Robust LM（lag）	1	1.7279	0.1886
Lagrange Multiplier（error）	1	5.3133	0.0211
Robust LM（error）	1	0.7152	0.3976
Lagrange Multiplier（SARMA）	2	7.0412	0.0295

［注：2011 年互联网普及率和物联网产业投资值数据所得］

空间滞后模型的结果如表 3.13 所示，其中 W_LOG_F6、常量（CONSTANT）和 LOG_WEB2011 在 0.05 水平下显著。空间滞后模型结果说明互联网普及率对所在省域的物联网产业发展具有明显的正向影响，即互联网普及率促进了所在省域的物联网产业发展。一般 OLS 回归模型的结果见表 3.14 所示，很好地通过了显著性检验。其中 WEB2011 的系数为 4.55，一般 OLS 模型很好的说明互联网普及率对省域物联网产业具有明显的正向影响。

表 3.13　空间滞后模型结果

Variable	Coefficient	Std. Error	z-value	Prob.
W_LOG_F6	0.5279	0.1293	4.0816	0.0000
CONSTANT	1.4569	0.7392	1.9708	0.0487
WEB2010	2.6009	1.3298	1.9558	0.0504

［注：W_LOG_F6 为 2010 年各省市物联网产业投资值的对数值，WEB2010 为 2010 年各省市互联网普及率］

表 3.14　一般 OLS 模型结果

Variable	Coefficient	Std. Error	t-Statistic	Prob.
CONSTANT	3.2597	0.7183	4.5378	0.0000
WEB2011	4.5500	1.7565	2.5904	0.0148

［注：WEB2011 为 2011 年各省市互联网普及率］

4. 政策环境因素

（1）国家物联网政策

2009 年在应对全球金融危机中，美国 IBM 首先提出了"智慧地球"的概念，并被视为能够形成新经济增长点的领域，受到美国政府的积极响应。以物联网、云计算、互联网和移动通信技术等为首的新一轮信息革命正在催生新技术、新产品、新应用和新信息化产业群。2006 年，国务院颁布的《国家中长期科学和技术发展规划纲要（2006－2020 年）》[1] 中，关于"重要领域及其优先主题"、"重大专项"和"前沿技术"部分均有涉及物联网的内容。2010 年，我国颁布《国务院关于加快培育和发展战略性新兴产业的决定》（国发［2010］32 号）[2]，把新一代信息技术列为战略

［1］　中华人民共和国国务院办公厅 http：//www.gov.cn/
［2］　中华人民共和国国务院办公厅 http：//www.gov.cn/

性新兴产业的重点，提出加快建设宽带、泛在、融合、安全的信息网络基础设施，推动新一代移动通讯、新一代互联网核心设备和智能终端的研发与产业化，加快推进三网融合、物联网和云计算的研究和相关行业的应用示范。2011年1月，国务院下发《关于印发进一步鼓励软件产业和集成电路产业发展若干政策的通知》（国发〔2011〕4号），指出软件业和集成电路业是国家战略性新兴产业，是国民经济和社会信息化的重要基础，并从财税、投融资、研发、人才和市场等方面，进一步明确了鼓励软件业和电子业的财政措施，最大程度保证物联网基础产业的发展。同年，国家发改委委托中国工程院专家组编写物联网"十二五"规划，同时工业和信息化部也已将物联网规划纳入到"十二五"的专题规划中。物联网"十二五"规划指出，"十二五"期间，国家重点投资和全面建设能源、交通、家居、环境、工业、医疗、农业、金融和军事等十大物联网应用领域，争取"十三五"时期实现物联网的引领和提升。2013年2月发布《国务院关于推进物联网有序健康发展的指导意见》，到2015年将在经济社会重要领域中实现物联网的规模示范应用，突破一批核心物联网技术，初步形成物联网产业体系，物联网发展安全保障能力明显提高。

（2）省、市物联网产业规划

为响应国家和地区信息化发展的需要，上海、江苏、北京、广东、浙江等省市物联网发展比较活跃，各省（市、区）结合自身需求，纷纷出台相关战略和政策，有利于全国物联网产业蓬勃向上发展，见表3.15。

表3.15　各省市物联网产业规划纲要

省市	物联网产业规划	总体思路	主要目标
上海	《上海推进物联网产业发展行动方案（2010—2012）》	"高端、差别、创新、协同发展"	培育一批具有影响力的专业企业，形成较为完善的产业体系和空间布局。
江苏	《江苏省物联网产业发展规划纲要（2009—2012）》	"一个核心产业区、两个产业支撑区、全省应用示范先行区"	将无锡打造成国际知名的传感网创新示范区。

省市	物联网产业规划	总体思路	主要目标
北京	《北京市城市安全运行和应急管理领域物联网应用建设总体方案》	"人文北京、科技北京、绿色北京"	形成"1＋1＋N"模式，即一个应急指挥平台，一个物联网应用支持平台，多个物联网示范应用管理系统平台。
广东	《关于加快发展物联网建设智慧广东的实施意见》	"政府引导，市场驱动，统筹规划，分类推进，依托重点城市"	物联网产业总值超 1000 亿元，规模以上企业超 1000 家以上，技术标准和发明专利受理超 1000 项以上，M2M 应用终端数量超 1000 万台，基本形成智慧广东框架。
浙江	《浙江省物联网产业发展规划（2010－2015）》	坚持关键技术研发、示范项目和标准体系"三位一体"协同发展	聚集一批优势骨干企业，形成完备的物联网产业链体系，全省物联网企业年主营收入超 2000 亿元。
福建	《福建省加快物联网发展行动方案（2010－2012）》	重点实施"129 工程"，即 1 个物联网产业集群，2 个物联网重点示范区和 9 类物联网应用示范工程	构建全国领先的示范应用和技术研发项目，提升示范区智能管理和智慧民生水平。
山东	《山东省物联网产业发展规划纲要（2011－2015）》	重点实施"5412 工程"，即 5 个物联网核心技术领域，4 大物联网产业支撑和 12 类物联网重大示范工程	形成较为完善的物联网标准和专利体系，实现产值规模超 2000 亿元，规模以上企业超 500 家，合理布局物联网产业良性发展。
无锡	《无锡市物联网产业发展规划纲要（2010－2015）》	提高创新能力，突破关键技术；集聚各方优势，推进标准制定；注重应用牵引，发挥示范作用；统筹规划协调，形成推进合力	基本建成集技术创新、产业化和市场应用于一体、结构合理、重点突出的物联网产业体系。
成都	《成都市物联网产业发展规划（2010－2012）》	"创新驱动、应用牵引、技术突破、产业同步"	初步实现"三中心、两基地、六体系和一高地"的"3261"战略。
杭州	《杭州市物联网产业发展规划（2010－2015）》	打造"天堂硅谷"和构建"3＋1"现代产业体系。	实施"智慧中国·智慧杭州"4433 工程，初步形成年产值达 500 亿元的物联网产业群。

99

省市	物联网产业规划	总体思路	主要目标
徐州	《徐州市物联网产业发展规划纲要（2010—2012）》	以中国矿业大学为依托，以矿山安全物联网示范工程建设为突破口，打造辐射全国的"感知矿山"中心	形成全市产业发展和空间布局的功能定位；建成国家矿山安全物联网创新示范区与先行区。
太原	《太原市关于在实体经济中加快推广应用物联网技术的意见》	按照"大企业引领、大项目带动、大园区承载"的模式；促进项目和企业向园区集聚	培育世界一流的"装备制造产业集群"、"高新技术产业集群"。
陕西	《陕西省"十二五"物联网产业发展专项规划》	核心技术攻关，战略集成加强，示范工程建设和行业应用推行四方面	构建设备制造聚集区，形成成熟的应用示范先导区和公众服务运营模式。
青岛	《青岛市物联网应用和产业发展行动方案（2011—2015）》	以培育战略新兴产业为目标，遵循"抓应用、促产业"的基本思路	力争打造为国家级"物联网应用示范基地"和"物联终端产品制造基地"。

总之，从经济发展水平、人才基础条件、信息化建设程度、政策环境因素四方面对物联网产业空间分异关键动因进行回归分析，发现空间滞后模型效果明显优于普通 OLS 回归。

在经济发展水平方面，目前我国总体经济态势保持稳定增长，北京、上海、广东保持领先地位不变，东部经济发展优于中部和西部，其中山西、新疆等省份和自治区同比增长幅度较大。同时，交通运输、仓储和邮政业、信息传输、计算机服务和软件业也呈现上升趋势，保障我国各省（区、市）物联网产业快速发展。通过回归分析，直观说明经济发展对省域物联网产业具有明显的正向影响。

在人才基础条件方面，我国高等教育招生人数超 680 万，拥有进入行业的良好的相关人才，不断累积人才储备是保证物联网产业快速发展的基石。同时国家为满足战略性新兴产业发展所需高素质专业人才的需求，出台相关政策同意高等学校设置战略性新兴产业相关本科专业，据统计，2010 年 59 所院校新增物联网相关专业，集中分布在江苏、四川、黑龙江、辽宁等省域，共开设专业 64 个，其中 55 个物联网工程专业，7 个传感网技术专业，2 个智能电网信息工程专业。并通过显著的空间滞后回归模型，说明人才储备和物联网专业设置对省域物联网产业具有明显的正向促进作用。

在信息化建设程度方面，物联网产业发展是以信息化与工业化"两化融合"为切入点，以电信网、有线电视网和计算机通信网"三网融合"为基础延伸，以互联网为立足点。2014 年我国互联网普及率达到 47.9％，同期提升 3.8 个百分点，中国网民呈逐渐壮大趋势。中国大陆 31 个省市中网民数量超千万规模的省份有 22 个，但我国互联网发展的省域差异依然存在，北京市的互联网普及率已超七成，而云南、江西、贵州等省份互联网普及程度却不到 30％，因此，加快互联网基础设施建设是发展物联网产业的关键任务。在对互联网普及率变量进行回归分析后发现，发展互联网将极大地促进物联网产业的快速发展。

在政策环境因素方面。国家层面，政府出台了一系列有利于发展新一代信息技术的政策文件，提供良好的政策环境和鼓励机制，逐步培育起以新一代信息技术为核心的战略性新兴产业，加快推进三网融合、物联网和云计算等技术研究和相关行业的示范应用，推动新一代移动通讯、新一代互联网核心设备及智能终端等技术研发与产品化。省市层面，为响应国家和自身对信息化发展的需要，各省市也积极出台相关政策推动物联网产业发展。以上海、北京、广州经济发达地区和江苏、浙江、福建、山东等沿海经济区为首，率先在技术研发、示范应用和产业化等方面做出巨大贡献，推动物联网全产业链的形成与发展。同时，有着全国科研教育和高技术产业基地之称的陕西省，也率先根据自身技术、人才等优势与不足，制定相关物联网产业发展专项规划，推动物联网产业更好发展。

四、物联网产业组织市场结构的指标构成及其分析——以长三角区域为例

(一) 市场结构的指标构成与分析

1. 企业数量与规模

在产业组织学中，企业的数量与规模一直是反映市场结构特征的重要

指标。对于企业数量与规模的研究，既可以揭示某一产业资源配置的结构以及某些相关特性，又可以为评析该产业的竞争程度和特点提供重要线索。作为新一代信息技术产业，物联网产业的发展还处于初级阶段，在统计上还没有一个明确的界定。根据《国民经济行业分类》（GB/T4754－2002）、2004 年的《统计上划分信息相关产业暂行规定》和上文的物联网产业界定的文献研究成果，考虑统计数据的有效性和可获得性，本研究采用电子及通信设备制造业、信息传输服务业、软件和其他信息相关服务业三个指标反映物联网产业的企业数量与规模。

（1）电子及通信设备制造业

在物联网产业体系中，电子及通信设备制造业主要包括传感器、RFID、智能仪器仪表等物联网感知制造业，网络通信设备、计算机相关设备制造等物联网设备与终端制造业，集成电路、嵌入式系统、微纳器件、新材料、微能源等物联网基础支撑产业。截至 2012 年底，长三角区域共有电子及通信设备制造业规模以上企业单位 5819 个，从业人员达 313.65 万人，其中上海企业单位 700 个，从业人员 51.06 万人；江苏企业单位 3484 个，从业人员 213.18 万人；浙江企业单位 1635 个，从业人员 49.41 万人。具体情况，见表 3.16。可以看出，江苏在企业数量方面占据了近 60%，在从业人员方面占据了近 68%，是电子及通信设备制造企业的主要集聚区域。

表 3.16　2008－2012 年电子及通信设备制造业规模以上企业单位数量及从业人员数量

	2008 年		2009 年		2010 年		2011 年		2012 年	
	企业单位（个）	从业人员（万人）	企业单位（个）	从业人员（万人）	企业单位（个）	从业人员（万人）	企业单位（个）	从业人员（万人）	企业单位（个）	从业人员（万人）
上海	1259	42.85	1180	42.62	1076	46.67	707	48.47	700	51.06
江苏	2652	184.32	3672	174.80	3946	206.16	3298	208.55	3484	213.18
浙江	2687	44.44	231	47.30	2959	55.60	1551	49.94	1635	49.41
合计	6598	271.61	5083	264.72	7981	308.43	5556	306.96	5819	313.65

［数据来源：根据国家统计局、上海市统计局、江苏省统计局、浙江省统计局整理所得］

在电子信息企业方面，根据工信部发布的《2012 年（第 26 届）电子信息百强企业》显示①，长三角区域共有 33 家企业入围，其中上海 5 家，江苏 17 家，浙江 11 家。可以看出，在数量方面，长三角区域占据重要优势，尤其是江苏和浙江，两省之和占据了全国的 28%；从排名看，没有电子信息企业进入全国前十，反映出还缺乏龙头型企业，单体实力偏弱。具体情况，见表 3.17。

表 3.17　2012 年中国电子信息百强企业长三角所占数量及排名

区域	企业名称	全国排名
上海	上海贝尔股份有限公司	17
	上海飞乐股份有限公司	30
	中芯国际集成电路制造（上海）有限公司	68
	上海华虹（集团）有限公司	76
江苏	南京中电熊猫信息产业集团有限公司	12
	亨通集团有限公司	16
	宝胜集团	18
	永鼎集团有限公司	20
	南京南瑞集团公司	22
	江苏宏图高科技股份有限公司	24
	南京联创科技集团股份有限公司	29
	中天科技集团有限公司	34
	通鼎集团有限公司	35
	中利科技集团股份有限公司	41
	震雄铜业集团有限公司	56
	江苏新潮科技集团有限公司	75
	江苏双登集团有限公司	78
	江苏通能信息有限公司	80
	华润微电子有限公司	87
	南通华达微电子集团有限公司	88
	扬州曙光电缆有限公司	96

① 2012 年（第 26 届）电子信息百强企业名单核定发布 . http：//www.miit.gov.cn/

区域	企业名称	全国排名
浙江	浙江万马集团有限公司	32
	富通集团有限公司	37
	浙江富春江通信集团有限公司	39
	杭州海康威视数字技术股份有限公司	52
	普天东方通信集团	53
	横店集团东磁有限公司	59
	浙大网新科技股份有限公司	62
	宁波韵升股份有限公司	64
	浙江正泰太阳能科技有限公司	73
	浙江晶科能源有限公司	82
	浙江天乐集团有限公司	98

［资料来源：根据《2012 年（第 26 届）电子信息百强企业》整理所得］

在电子元件企业方面，根据工信部发布的《2012 年（第 26 届）中国电子元件百强企业》显示，长三角区域共有 42 家企业入围，其中上海 2 家，江苏 12 家，浙江 28 家，分别位居全国第 7 名、第 3 名、第 2 名。进入前十强的有 6 家。可以看出，无论是数量还是规模，长三角区域电子元件企业都处于全国优秀之列。具体情况，见表 3.18。

表 3.18　2012 年中国电子元件百强综合实力前十强长三角所占数量及排名

企业名称	全国排名
亨通集团有限公司	1
中天科技集团有限公司	2
永鼎集团有限公司	6
富通集团有限公司	4
浙江富春江通信集团有限公司	5
横店集团东磁有限公司	10

［资料来源：根据《2012 年（第 26 届）中国电子元件百强企业》整理所得］

根据中国半导体协会公布的《2011 年中国十大集成电路设计企业》、《2011 年中国十大集成电路制造企业》、《2011 年中国十大集成电路封装测试企业》显示，长三角区域分别有 5、6、6 家企业入围，占据了半壁江山。具体情况，分别见表 3.19—3.21。

表 3.19　2011 年中国十大集成电路设计企业长三角所占数量及排名

企业名称	排　名
展讯通信有限公司	2
杭州士兰微电子股份有限公司	4
格科微电子（上海）有限公司	5
联芯科技有限公司	7
上海华虹集成电路有限责任公司	10

［资料来源：根据《2011 年中国十大集成电路设计企业》整理所得］

表 3.20　2011 年中国十大集成电路制造企业长三角所占数量及排名

企业名称	排　名
中芯国际集成电路有限公司	3
华润微电子有限公司	4
上海华虹 NEC 电子有限公司	5
台积电（中国）有限公司	6
上海宏力半导体制造有限公司	8
和舰科技（苏州）有限公司	9

［资料来源：根据《2011 年中国十大集成电路制造企业》整理所得］

表 3.21　2011 年中国十大集成电路封装测试企业长三角所占数量及排

企业名称	排　名
江苏新潮科技集团有限公司	3
南通华达微电子集团有限公司	4
上海松下半导体有限公司	5
海太半导体（无锡）有限公司	7
上海凯虹科技有限公司	8
日月光封装测试（上海）有限公司	10

［资料来源：根据《2011 年中国十大集成电路封装测试企业》整理所得］

（2）信息传输服务业

在物联网产业体系中，信息传输服务业主要包括 M2M 信息通信服务业、行业专网信息通信服务业及其他信息通信服务业。物联网信息传输主要是利用各种设备将感知层获取的信息与传输设备相连，进行无障碍、高可靠、高安全的传输，现有的电信网、互联网、广播电视网等传输设备可以用于满足物联网数据传输的需要。毫无疑问，物联网对海量信息的处理和个性化需求数据的分析，必将催生物联网运营商和巨大的市场空间。拥有覆盖全国网络资源的通信运营商，是最具有可能成为未来的物联网运营商。

目前在信息传输领域已经基本形成了以中国移动、中国电信和中国联通为主导的通信市场格局。中国通信运营商拥有庞大的用户群体，截至2012年底，仅中国移动一家运营商就有超过7亿的用户[①]，300万左右的终端数量，在移动信息化行业应用的集团客户领域，有规模和先机双重优势。中国电信拥有全球最大的固话网络，其品牌在用户中认知程度极高，客户资源丰富。中国联通已经与全球60多个国家和区域的100多个3G运营商开通了国际漫游服务。三大通信运营商规模化的客户群为物联网发展奠定了坚实基础。

（3）软件和其他信息相关服务业

在物联网产业体系中，软件和其他信息相关服务业主要包括云计算等物联网基础设施服务业，系统集成、中间件、智能信息处理等物联网软件开发与应用集成服务业，行业服务、公共服务、支撑性服务等物联网应用服务业。

据统计，截至2012年底，长三角区域共有7573家软件企业，占全国的27％，其中上海2300家，江苏3770家，浙江1503家，从业人员达127.6万人，可以看出长三角区域软件企业的发达程度。2013年2月，由国家发展改革委等联合发布的《2011－2012年度国家规划布局内重点软件企业》[②]，上海有35家，江苏11家，浙江16家，分布位居全国第2名、第6名、第5名，可以看出国家对长三角区域软件产业的重视程度。2013年5月，由《中国电子报》发布的《2013年（第十二届）中国软件业务收入前百家企业》显示[③]，长三角区域共有25家企业入围，其中上海6家，江苏9家，浙江10家。可以看出，尽管受经济增速下滑的影响，长

---

① 2012年终盘点三大运营商用户数据 . http：//www.cww.net.cn/opera/

② 2011－2012年度国家规划布局内重点软件企业和集成电路设计企业 . http：//www.bjeit.gov.cn/

③ 2013年（第12届）中国软件业务收入前百家企业名单 . http：//cyyw.cena.com.cn/a/2013－05－14/

三角区域的软件和信息技术服务业仍然是我国最为发达的区域之一，在软件企业方面，无论是数量还是质量均位居全国优秀之列，但从排名看，长三角区域只有 3 家企业进入全国前十，而且排名相对靠后，没有巨头型软件企业存在，规模效益还有较大上升空间。具体情况，见表 3.22。

表 3.22　2013 年中国软件业务收入百强企业长三角所占数量及排名

区域	企业名称	排名
上海	中国银联股份有限公司	8
	上海宝信软件股份有限公司	25
	上海贝尔软件有限公司	34
	上海汇付数据服务有限公司	81
	上海华讯网络系统有限公司	85
	上海电科智能系统股份有限公司	91
江苏	南京南瑞集团公司	5
	南京联创科技集团股份有限公司	6
	熊猫电子集团有限公司	13
	国电南京自动化股份有限公司	23
	江苏省通信服务有限公司	35
	江苏集群信息产业股份有限公司	48
	江苏南大苏富特科技股份有限公司	65
	江苏国光信息产业股份有限公司	70
	江苏金智科技股份有限公司	87
浙江	杭州海康威视数字技术股份有限公司	15
	杭州恒生电子集团有限公司	20
	浙大网新科技股份有限公司	21
	浙江大华技术股份有限公司	28
	中控科技集团有限公司	46
	信雅达系统工程股份有限公司	50
	银江股份有限公司	61
	杭州和利时自动化有限公司	68
	三维通信股份有限公司	78
	杭州士兰微电子股份有限公司	84

［资料来源：根据《2013 年（第十二届）中国软件业务收入前百家企业》整理所得］

在计算机系统集成资质企业方面，截至 2013 年 3 月，据统计长三角区域共有 618 家，占全国总数的 15%，从三地企业的数量看，上海 222家，江苏 185 家，浙江 211 家，市场结构比较符合特定市场的需求。具体情况，见表 3.23。

表 3.23　长三角区域计算机信息系统集成资质企业数量

区域	计算机信息系统集成资质企业数量
上海	222
江苏	185
浙江	211
合计	618
全国	4193
结构比例	14.74%

〔数据来源：根据工信部资质数据库查询整理所得〕

2. 市场集中度

市场集中度集中体现了市场的竞争和垄断程度，是决定市场结构最基本、最重要的因素。在物联网产业组织中，市场集中度一般分析卖方集中度，主要采用行业集中度的测量方法。行业集中度（CRn）是最常用、最简单易行的市场集中度的衡量指标。它是指行业内规模最大的若干企业的几个重要指标（产值、产量、销售额、销售量、职工人数、资产总额等）占整个市场或行业的份额。

在分析过程中，由于物联网企业的经营状况等详细资料难以获得，故无法全面准确地测算长三角区域物联网市场的集中度。根据数据的有效性和可获得性，同样也是从电子及通信设备制造业、信息传输服务业、软件和其他信息相关服务业三个方面进行分析。

在电子及通信设备制造业方面，2012 年百强企业主营业务收入为 1.76万亿，仅为全行业总量的 24%。长三角区域尽管有 33 家企业入围，但是排在最前列的南京中电熊猫信息产业集团有限公司也仅位居全国第 12 位，营业收入为 243 亿元。针对长三角区域通信设备、计算机及其他电子设备制造业规模以上企业的营业收入，根据贝恩的市场结构分类法，见表 3.24，长三角电子信息制造业市场的 CR4 必定小于 30%，CR8 必定小于 40%。因此，从整体看，物联网设备与终端制造业、物联网感知制造业、物联网基础支撑产业还处于自由竞争状态，缺乏绝对力量的寡头垄断企业。但是就某一细分市场而言，市场结构存在不确定性。以传感器细分市场 DVR（数字视频录像机）领域为例，据《物联网行业深度研究报告》显示，海康威视、大华股份、大力科技分别约占 DVR 市场份额的 40%、20% 和 20%，这三家企业的市场份额约 80%，市场属于寡头垄断结构。

表 3.24　贝恩的市场结构分类

	CR4 值（%）	CR8 值（%）
寡占 I 型	85≤CR4	——
寡占 II 型	75≤CR4＜85	或 85≤CR8
寡占 III 型	50≤CR4＜75	75≤CR8＜85
寡占 IV 型	35≤CR4＜50	45＜CR8＜75
寡占 V 型	30≤CR4＜35	或 40≤CR8＜45
竞争型	CR4＜30	或 CR8＜40

［资料来源：（美）J. S. 贝恩. 产业组织. 丸善 1981 年版. 第 141—148 页］

在信息传输服务业方面，国内三家通信运营商承担数据的传输承载，另外，也有广电网络运营商的参与。总体看，这一细分市场集中度高，基本由三大通信运营商控制，属于寡头垄断市场结构。

在软件及其他信息相关服务业方面，2012 年长三角区域软件业务收入达 7803.13 亿元，前四强软件企业业务总收入为 301.22 亿元，CR4 为 3.86%，前八强软件企业业务总收入为 478.33 亿元，CR8 为 6.13%。具体情况，见表 3.25。可以看出，软件和信息技术服务市场集中度较低，市场处于垄断竞争市场结构。

表 3.25　2013 年长三角软件产业前 8 家企业业务收入概况

企业名称	业务收入（万元）
浪潮集团公司	953682
南京南瑞集团公司	742043
南京联创科技集团股份有限公司	717800

企业名称	业务收入（万元）
中国银联股份有限公司	598637
熊猫电子集团有限公司	527117
杭州海康威视数字技术股份有限公司	504624
杭州恒生电子集团有限公司	380048
浙大网新科技股份有限公司	359375
合计	4783326
CR4 值（%）	3.86
CR8 值（%）	6.13

［数据来源：根据《2013 年（第十二届）中国软件业务收入前百家企业》整理所得］

3. 物联网市场进入和退出壁垒

（1）进入壁垒

影响物联网企业进入市场的阻碍因素主要有规模经济壁垒、资金需求壁垒和技术壁垒等。

规模经济壁垒，由于高端传感器依赖进口，成本较高，新进入者必须以大规模生产的方式进入市场，否则将不得不面对成本劣势的现实。但是物联网产业细分领域多，比如读写器、标签等，目前长三角区域有大量的物联网企业以专业化的方式进入这一细分市场。

资金需求壁垒，尽管政府给予一定的资金支持，但是对于在广告和研发等方面的投资成本高、周期长、风险大等特点，还会对新进入者造成较大的资金障碍。目前长三角区域有大量的民间资本和金融资本注入物联网产业，境外资本也以风险投资的方式入股满足物联网企业，在一定程度上解决了企业的资金瓶颈。

技术壁垒，新进入者面临精密传感领域技术壁垒较高的局面，需要掌握核心技术，缺乏技术研发实力强的核心企业进入。但是在产业链细分市场技术要求较低的个别环节，吸引了大量的物联网企业进入，造成生产过剩。

（2）退出壁垒

影响物联网企业退出市场的阻碍因素主要有沉没成本壁垒、固定成本壁垒、关联成本壁垒、政策法律壁垒等。

物联网属于高科技产业，在科研、先进设备等方面的初期投入大，资产专用性强，当物联网企业在退出该行业时，这些设备不能全部转让造成较大的沉没成本，对物联网企业的退出形成壁垒。

如果企业准备退出，撕毁原本订立的购买原材料及推销产品的长期合同会被罚款，企业必须支付违约成本；退出表明企业没有发展前景，增加了企业转移后的融资困难，使企业的信用等级降低，提高了融资成本，这些都会对物联网企业退出市场形成较大的固定成本壁垒。

除此之外，由于物联网关联产业多，如果退出会对其伙伴企业造成一定的损失，这也对其退出形成了壁垒；地方政府出于利益需要，可能会通过政策和法规来限制物联网企业退出。

4. *产品差异化*

物联网产品的类型多种多样，产品具有互联网技术、科技含量高、智能化处理、效益周期短、使用简易性、节能环保等特征。物联网产业链各环节的产品差异化情况具体分析如下：

在物联网产业链的上游，企业在电子标签、读写器模块、读写设备、读写器天线、智能卡、网络设备等产品设计上推广自己的标准，建立壁垒避免竞争对手进入各自的领域，但从整体看，由于缺乏技术创新，这些产品的差异化程度偏低。

在物联网产业链的中游，在软件与应用开发市场方面，长三角区域物联网软件应用规模比较小，行业应用优先，个性化软件产品居多；在系统集成市场方面，由于各行业有很强的专业性，技术范围比较集中，各行业间的联系也不多，物联网应用系统还比较简单，产品产异化程度并不高。未来 3 至 5 年，各行业应用的关联性会提高，涉及的物联网技术和产品的范围和数量会增加，要求系统解决方案提供商和专业的系统集成商提供专业化的软件产品和解决方案，产品差异化相对比较明显。

在物联网产业链的下游，网络运营商主要提供数据传输、终端设备鉴权、计费等服务，业务形式还较为单一。随着物联网应用范围的不断扩大，运行状态、故障定位、运营维护、数据挖掘、信息保密等运营管理的需求将越来越多，服务形式将会多样化。

5. 市场需求

市场需求的价格弹性和市场需求的增长率是影响物联网产业市场结构的重要因素之一。从物联网应用发展看，长三角区域的物联网市场大致可以细分为政府管理与公共基础设施建设、行业应用、家庭应用和个人应用四大类市场。四大类市场对应着不同的用户群体，物联网的应用需求是不同的，并且在物联网发展的不同阶段，应用需求也会发生变化。就个体而言，消费者的需求意愿和支付能力决定了物联网产品的潜在需求，消费者对物联网产品的感知有用性、感知易用性和感知价格决定了感知价值，影响了市场需求的潜力[1]。

目前，物联网产业还处于初步发展阶段，产业链上游设备制造商、技术开发商提供的传感器、射频芯片等产品是市场的主要需求，政府基础管理和公共设施建设市场在发展速度上明显慢于家庭应用和个人应用市场。具体如表 3.26 所示。

表 3.26　物联网四大细分市场需求特征与前景分析

特征与前景 细分市场	需求的主要特征	价格弹性水平	需求的增长率变化 （未来 5—10 年）
政府管理与公共基础 设施建设市场	全国性联网以及政府关注的资源联网需求大；安全、服务提升、社会保障等功能性需求大；需求来源于政府相关部门，需求范围相对较窄	较小	减速增长
行业（企业）应用市场	具有行业特性的多样化需求；需求多、普及快；与企业经济效益紧密相关	较大	较快增长
家庭应用市场	娱乐、教育、安全方面需求多；简单易用、更智能化；节能低碳产品多	很大	快速增长
个人应用市场	个性化需求多样化；普及慢、规模大；体验终端需求大	最大	急速增长

---

① 高锡荣，梁立芳，陈强. 物联网服务市场潜在需求的影响因素分析—基于智能家居服务市场的问卷调查. 华东经济管理，2012（1）：33—38

（二）分析结果

从以上的数据资料分析可以看出，长三角区域的物联网产业组织的市场结构比较复杂，具体结果如下：

1. 企业数量和规模

在电子及通信设备制造业方面，2012 年长三角区域规模以上企业有 5819 个，其中 33 家进入电子信息百强，但是没有企业进入十强，单体实力还偏弱，存在较大提升空间；在信息传输服务业方面，中国移动、中国电信、中国联通三大通信运营商拥有覆盖全国的网络资源和广大的客户群体；在软件及其他信息服务业方面，长三角区域共有 7573 家软件企业，占全国的 27％，其中 25 家企业入围全国百强，但是仅有 3 家进入十强，而且排名靠后，没有巨头型软件企业。总之，长三角区域物联网及其相关企业较多，但整体而言还缺乏大规模的垄断型企业。

2. 市场集中度

在电子及通信设备制造业方面，就整体物联网制造业而言，市场呈垄断竞争结构，市场集中度较低，但是就专业产品领域而言，市场集中度可能较高；在信息传输服务业方面，物联网三大运营商垄断了整个市场，市场集中度较高；在软件及其他信息相关服务业方面，市场集中度较低。总之，除物联网运营商外，长三角区域物联网产业市场集中度较低。

3. 进入和退出壁垒

在进入壁垒方面，就整体而言，物联网市场具有较高的规模经济壁垒、资金需求壁垒和技术壁垒等，但是在细分市场方面，规模经济壁垒较低，有民间资本和风险资金注入，个别环节技术要求较低；在退出壁垒方面，物联网市场具有较高的沉没成本壁垒、解雇费用壁垒、固定成本壁垒、关联成本壁垒、政策法律壁垒等。总之，就整体而言，物联网市场缺乏较为完善的进入和退出机制。

4. 产品差异化

在物联网产业链的各环节，一方面，科技含量低、附加值低的产品大量过剩，产品产异化不明显，造成了同行业的过度竞争，引发价格战；另一方面，科技含量高、附加值高的产品研发不足，缺乏对核心技术的掌控，造成过度依赖进口。随着物联网行业应用性的加强，产品差异化和服务形式多样化程度将会得到提高。总之，目前物联网产品差异化还不明显。

5. 市场需求

物联网的四大类市场需求特征不同，市场需求的价格弹性不同，并且在物联网发展的不同阶段，市场需求的增长率也会发生变化。目前市场需求主要集中在政府管理与公共基础设施建设市场，家庭应用和个人应用市场需求不足，物联网需求范围较窄。就个体而言，消费者对物联网产品的感知有用性、感知易用性和感知价格影响了市场需求的潜力。

第4章 物联网产业组织的 C
——市场行为分析

一、物联网产业组织市场行为的概念界定

市场行为研究是产业组织理论的重要内容。市场行为，即企业行为，是指企业在市场上为实现利润最大化或更高的市场占有率等目标而采取的适应市场要求而不断调整其行为的行为。

从微观层面看，物联网产业组织的市场行为是指既要符合产业组织的目的与发展规律、又要符合社会的目的和发展规律的活动，即在物联网产业发展相关的运作、定价、创新、组织结构调整等领域的行为必须有助于提高组织效率、增强组织竞争力。

从宏观层面看，物联网产业组织市场行为有严格的外部规制，必须在符合道德规范、实现公平竞争的大环境下，正确规划产业组织发展战略和投资策略，积极参与物联网资源配置，使物联网的开发、建设和应用处于高效率的状态。

从当前物联网产业发展的情况看，物联网产业组织的市场行为主要包括商业模式、生产运营、价格行为、创新行为和组织结构调整等几个方面。

二、我国物联网产业组织市场行为特征

(一) 产学研特征

1. 物联网企业空间分布特征

我国物联网产业还属于初级发展阶段，集中扶持相关重点企业，并建设一批具有带动作用的示范试点工程和物联网产业联盟，是发展物联网产业的首要任务。

从区域看，我国物联网企业分布态势主要集中在以北京为中心的环渤海省域，以上海、江苏为中心的长三角省域，以广东为中心的珠三角省域和以重庆为中心的中西部省域四大区域。从整体看，我国物联网企业在地理空间分布上呈现出较为明显的梯度分布态势，相比于中西部省域，我国大陆东部沿海省域物联网企业数量更多，物联网产业发展更为活跃。

在对我国物联网企业归类划分的研究中发现，首先，我国物联网企业多数处在物联网产业链的上游，即网络设施、终端设备、传感器、芯片等相关制造业，并呈现大中小型企业并存、多样化和多元化竞争的格局。由于不同行业的物联网模式不同，用户对传感器和终端设备需求差异大、要求高，所以相关制造企业的设备供应和应用系统必须保持个性化的非标准设备和软件，并朝着智能化、高精度化、系统化、专业化的方向发展。其次，互联网及其运营服务的中游企业呈现强垄断性，如我国网络通信运营由中国移动、中国联通和中国电信三大运营商垄断。第三，我国物联网下游企业还处在高速发展的阶段，如电网、城市管理等物联网运营商巨型企业和中小企业并存，出现垄断与竞争并存的格局。

根据我国物联网重点发展城市上下游企业的数据情况，我国各省域物联网上游企业明显多于下游企业。广州、北京、上海、江苏等东部沿海地区企业总数远远多于其他中西部省域的总数，但主要还是集中在产业链上游。因此，应优化我国物联网产业结构，均衡上中下游企业发展，加强推

进高技术服务业发展，培养和发展一批传统产业和新兴产业有机结合体，推动我国物联网产业健康有序发展。

2. 我国物联网产业组织示范试点工程建设空间分布态势

在物联网产业发展的初期阶段，我国提出"示范先行，逐步推进"的策略，各省市纷纷响应，启动或落实物联网产业示范工程的建设工作。

首先，我国物联网产业示范工程项目正呈现不断扩张之势，超过半数的省市建设或落实物联网产业示范工程。其中包括北京、天津、山东、江苏、上海、浙江、福建和广东在内的东部沿海经济发达省市，也是物联网产业重点示范工程建设带动省市；还有安徽、陕西、甘肃、四川和重庆等中西部省市。其次，我国物联网产业示范工程建设不均衡，中西部还有很大的发展空间，但发展物联网产业示范工程也不可过于盲目，要求各省政府结合本省的优势产业，统筹规划，针对实际问题，确定具有实际需要的物联网产业重点示范工程。在 2011 年中国物联网产业年会中，评选了 15 家优秀物联网示范工程项目，涵盖了智能交通、智能农业、感知矿山、智能物流等重点应用领域。最后，随着各省物联网产业示范工程的建设，政府引导、多方参与、建设成本与效益评估机制、科学决策和完善相关法规政策是必不可少的。

3. 我国物联网产业组织联盟建设空间分布态势

物联网产业组织联盟的成立，势必调动物联网相关企业、科研院校、运营商以及相关机构参与物联网建设的积极性，促进物联网技术在经济与社会各领域中的广泛深入应用，成为物联网企业与科研院校、物联网应用单位以及政府等机构之间的沟通交流平台。为推动物联网产业组织的大发展，各省物联网相关企业、科技研究院、高等院校、运营商等纷纷牵头组织成立了物联网产业联盟。

首先，我国物联网产业联盟及协会主要分布在我国东部沿海省域和部分中西部省域，主要集中在以北京为中心的环渤海省域、以江苏为中心的长三角省域、以广东为中心的珠三角省域和以重庆为中心的中西部省域。其次，各省物联网产业联盟有扎堆发展的趋势，如上海和山东就有三家，杭州有两家，如何平衡各省域内不同物联网产业联盟的合理布局将成为物联网产业联盟长远发展的关键。在 2011 年物联网产业年会中，为表彰在物联网产业发展中所作出的贡献，有四家物联网产业联盟及协会被评选为优秀组织奖，他们是中关村物联网产业联盟、上海市浦东新区物联网协会、河南省物联网产业联盟和成都物联网产业发展联盟。最后，物联网产业联盟和协会的建设应有目标性，切忌盲目，结合本省域实际发展需要，实现产学研用相结合，因地制宜搞建设，促进我国物联网产业的健康发展。

从物联网企业的分布看，物联网企业的数量在地理空间上呈现较为明显的梯度分布态势，其中物联网企业主要集中在北京、上海、广州等东部沿海经济发达省域，说明物联网产业沿海省域的发展较为活跃，但中西部部分省域如重庆、四川等也具有成本低，人力资本丰富等促进物联网企业发展的优势。此外，我国物联网企业多数处于物联网产业链的上游，说明我国物联网企业呈现多样化的激烈竞争格局。因此，应优化我国物联网产业结构，均衡上中下游企业发展，加强推进高技术服务业发展，推动物联网企业朝着智能化、高精度化、系统化、专业化的方向发展。

从我国物联网产业示范试点工程和物联网产业联盟的分布情况看，主要集中在东部沿海经济较为发达省域，甚至部分省市出现两家及以上的物联网产业联盟，如上海、山东、浙江和广东，说明东部沿海省域物联网产业发展较为活跃，但也会暴露出盲目投资等问题。因此，要加强政府引导、多方参与、建立成本效益评估机制和完善相关法规政策，并结合本省域实际发展需要，实现产学研用相结合，因地制宜搞建设，促进我国物联网产业的健康发展。

（二）区域特征

1. 区域物联网产业组织市场构成

区域市场理论将市场划分为本地市场和外地市场，本地市场是指当地某项商品或服务的所有现实的和潜在的购买者或提供者①，相应地，外地

---

① 本地市场．htpp://baike.baidu.com/view/

市场指本地市场以外的某项商品或服务的所有现实的和潜在的购买者或提供者。

外包理论是近期学术界研究的热点，Heywood 引用了一个比较系统的定义为：外包是将企业内部的一项或多项业务职能，连同其相关的资产，转移给一个外部供应商或服务商，由这个供应商或服务商在一段时期内按照一个规定的但受到限制的价格提供特定的服务[①]。大多数现代企业，信息技术（IT）、系统和服务并非企业组织的核心内容，现代企业试图聚焦在能够产生独特优势的流程和业务，从而将其他信息技术、系统和服务部分外包出去。黄斐（2009）[②] 运用资源基础理论分析信息技术外包决策，认为统筹内部有限资源和外部市场存在资源可以寻求效益最大的资源配置运用组合，增进企业的信息技术资源灵活性和可控性。因此，有效利用外包市场可以在更广阔的资源基础范围中获取和培养影响企业形成和保持竞争优势的关键资源。外包成为企业、行业和市场完全利用外部存在资源和力量、有效响应市场变化、增强自身核心竞争力的重要手段。物联网技术作为信息技术的重要组成，外包也必然会成为企业、行业和市场的应用趋势。

根据市场供给理论，借鉴 Michael Porter 的"钻石模型"及国内学者周晓唯提出的物联网产业"钻石模型"[③]，市场需求状况归属于物联网需求市场，高级生产要素、技术研发能力、相关产业及支持产业属于物联网外包（供给）市场。

2. 区域物联网产业组织市场结构特征

通过对物联网构架体系和区域物联网产业组织市场构成的分析，对于区域物联网市场有了一个感性的轮廓认知，继而构建了区域物联网产业组织市场结构以及影响因素概念模型，如图 4.1 所示。

---

① Heywood J B. The outsourcing dilemma . Pearson Education Limited，2001

② 黄斐 . 企业 IT 外包决策主要动因的理论综述 . 中国软科学，2009（S1）：217－222

③ 周晓唯，杨露 . 基于"钻石模型"的陕西省物联网产业竞争力的实证研究 . 科学经济社会，2011（3）：42－47

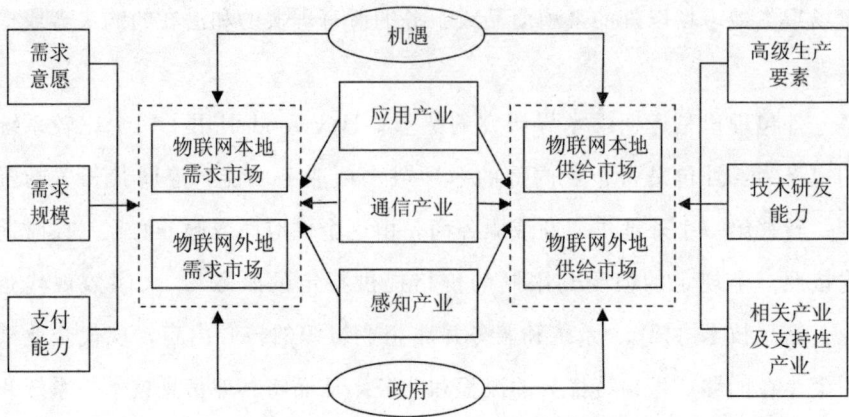

图 4.1　区域物联网产业组织市场结构以及影响因素概念模型

区域物联网产业组织市场具有以下结构特征：

（1）区域物联网产业市场包括物联网感知产业市场、通信产业市场和应用产业市场。

（2）区域物联网各产业需求市场由本地需求市场和外地需求市场构成，影响因素有需求意愿、支付能力和需求规模。

（3）区域物联网各产业供给市场由本地市场和外地市场两部分组成，决策选择关键影响因素有高级生产要素、技术研发能力和相关产业及支持产业等。

（4）政府作为参与者，对供需双方的产生及发展起着主导作用，机遇则是供需双方产生及发展的辅助因素。

（5）区域物联网产业市场需求变量和供给变量相互作用，动态变化，从而达到均衡状态。

3. 区域物联网产业组织市场效用函数

现有的物联网效用研究侧重现象陈述或定性分析，并没有进行相关效用函数的构建和剖析。吸取以上经验，为了定量分析区域物联网产业组织市场效用，结合物联网产业链模型，拟构建区域物联网产业组织市场效用函数，并在此指引下进行相关效用的分析。

效用是指消费者通过消费或者享受闲暇等使自己的需求欲望得到满足

的一个度量①。运用效用函数可以分析很多经济现象。其表达式是：$U=\{x，y，z\cdots\cdots\}$，式中 $x，y，z$ 分别代表效用要素和所拥有要素的计量数量②。效用最大化是效用函数分析的主要目的。

本文用函数 U 对物联网产业组织市场影响要素产生的物联网效用做如下描述：

$Ux=U（Yx）$

$Yx（t）=F\{Dx（t），Sx（t）\}$

$Dx（t）=F\{dex（t），abx（t），scx（t），gvx（t），opx（t）\}$

$Sx（t）=F\{elx（t），tex（t），inx（t），gvx（t），opx（t）\}$

$Dx（t）=Dx1（t）+Dx2（t）$

$Sx（t）=Sx1（t）+Sx2（t）$

其中，$Yx（t）$ 代表区域物联网各产业 x，x 表示感知产业、通信产业或应用产业；

$Dx（t）$ 代表区域物联网各产业需求，$Sx（t）$ 代表区域物联网各产业供给；

$dex（t）$ 代表各产业需求意愿，$abx（t）$ 代表各产业支付能力，$scx（t）$ 代表各产业需求规模，$gvx（t）$ 代表政府调节效用，$opx（t）$ 代表待遇机遇调节效用；

$elx（t）$ 代表各产业高级生产要素，$tex（t）$ 代表各产业技术研发能力，$inx（t）$ 代表各产业相关产业及支持性产业，$gvx（t）$ 代表政府调节效用，$opx（t）$ 代表待遇机遇调节效用；

$Dx1（t）$ 代表区域物联网各产业本地需求市场，$Dx2（t）$ 代表区域物联网各产业外地需求市场；

$Sx1（t）$ 代表区域物联网产业本地供给市场，$Sx2（t）$ 代表区域物联网产业外地供给市场。

---

① 效用 . htpp：//baike. baidu. com/view/
② 效用函数 . htpp：//baike. baidu. com/view/

根据市场供求理论，需求和供给相互作用，达到均衡状态。

根据效用最大函数：

$$MU = maxU (Y) = maxF \{Dx (t)，Sx (t)\}$$

当 Dx（t）＜Sx（t）时，称为供给溢出，此时物联网市场均衡状态以物联网各要素需求 Dx（t）为供给参考标准；

当 Dx（t）＞Sx（t）时，称为需求溢出，此时应该考虑供给扩大的其他途径。

4. 区域物联网产业组织市场要素效用分析

（1）区域物联网产业组织市场要素网络图构建。根据物联网效用函数各组成要素，绘制区域物联网产业组织市场要素网络图，如图 4.2 所示。

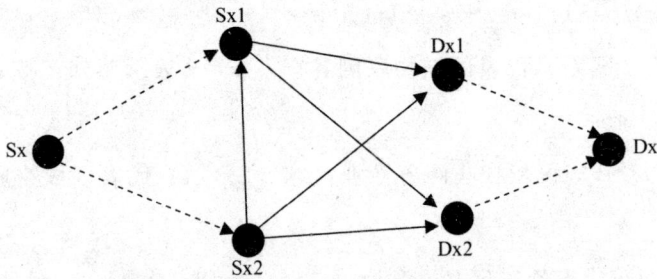

图 4.2 区域物联网产业组织市场要素网络图

物联网产业组织市场要素网络图 SD 由感知网络图 SpD、通信网络图 ScD、应用网络图 SiD 组成。

物联网各产业市场要素网络图是由点集 SxD＝｛Sx1，Sx2，Dx1，Dx2｝的 4 个节点和 SxD 中的元素集 TxC＝｛dex，gvx，opx，tex，abx，scx，elx，inx｝所构成的二元组，记为 M＝｛SxD，TxC｝（x 表示感知产业、通信产业或应用产业）。

（2）区域物联网产业组织市场要素效用分析。根据网络图的性质和理论，对区域物联网各产业市场网络图作以下分析：

dex，gvx，opx 要素对市场路径选择影响分析。dex（需求意愿）是需求市场产生的前提条件，也是供需相互作用从而产生均衡效用的重要条件。gvx（政府）要素对供需市场的产生及发展起着主导作用，opx（机遇）要素则是供需市场产生及发展的辅助因素。在物联网各产业网络图中，dex，gvx，opx 对网络图的方向和流量产生影响或干涉，但不起决定作用。

tex 要素对市场路径选择影响分析。tex（技术能力）代表物联网各产业技术研发能力。在企业外包战略决策中，技术是需要考虑的一个重要因素；供需市场中，技术能力决定了供给是否产生，决定了物联网各产业市场网络图的关键路径和流量。

abx，scx，elx，inx 要素对市场路径选择影响分析。abx（支付能力），scx（需求规模），elx（高级生产要素），inx（相关产业及支持性产业）是物联网供需产业市场相互作用的重要影响因素，也是网络最大流的优化对象。通过充分利用和调节以上各要素，可以取得物联网各产业市场网络图的最佳路径选择和流量。

5. 我国物联网产业组织区域空间发展存在的主要问题

（1）空间发展不均衡，梯度明显

首先，我国物联网产业组织空间分布集中在经济较为发达省域，且这些省域在地理空间上呈现空间依赖性和集聚特征。总体上看，第一梯度是以上海为中心的长三角省域、以广东为核心的珠三角省域和以北京为中心的环渤海省域的物联网产业经济圈，第二梯度是以四川、陕西为中心的中西部物联网产业区，第三梯度是以新疆、西藏为代表的西部地区，其中第一梯度物联网产业发展较为活跃，第二、三梯度依次递减，西部物联网产业发展相对贫乏。其次，省域物联网产业组织存在显著的空间相关性和集聚特征，并在一定时期内对空间邻近省域具有空间辐射带动作用。因此，应加强省域之间联动发展，保证物联网产业全面协调可持续发展。

（2）国家投资为主，各省域分头建设

物联网产业涉及领域广泛，市场化和局部技术还不成熟，国家大力投资推动物联网产业发展，各省域分头建设，还未实现统筹协调各省域之间的相互合作、共同发展。首先，资金投入不足，现阶段我国物联网产业发展还处在以政府投入为主，社会参度不足的阶段；虽然东部沿海省域政府

123

投资多，但是中西部欠发达省域政府投资少。其次，统筹规划不够，各省域为了在物联网产业中抢占一席之地，导致盲目发展，过分强调全产业链建设，致使资源浪费，形成产业泡沫，不利于物联网产业的健康发展。因此，应建立各省域间错位竞争模式，发挥各自优势，促进物联网产业又好又快发展。

三、物联网产业发展水平指标体系构建[①]

（一）物联网产业发展水平指标体系设计

1. 指标与指标体系的说明

指标是传递信息的中介事物，是反映社会、经济状况的重要指示器，在信息测度中发挥着重要作用。在国际上指标和指标体系没有严格的区分，但在国内一些研究学者的习惯上，将指标与指标体系做以区分，那么指标方法主要指的是依靠单一的指标来反映社会经济发展状况的方法；而指标体系方法则是各种相互联系的单一指标所构成的一个有机整体，用以说明所研究现象各个方面相互依存和相互制约关系的一种方法。事实上，很多单指标在反映某一问题侧面"现象"的同时，也作为指标体系中的组成部分在发挥着作用，同时单指标也包括综合性较强的单指标，是现象型单指标的演变发展，因此在认识客观事物的过程时，也往往只是从现象型单一指标判断到指标体系判断的一个认识过程。这个认识过程，如图 4.3 所示。

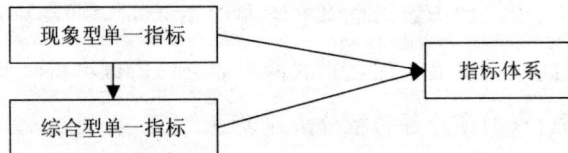

图 4.3　从现象型单一指标判断到指标体系判断的认识过程

---

① 何佳泓，郑淑蓉. 物联网产业发展水平指标体系构建. 科技管理研究，2012（15）：64－68

2. 国内信息产业发展水平指标体系研究成果

物联网是继计算机、互联网与移动通信网之后的第三次信息产业浪潮。由于物联网产业是新兴产业，对其指标体系的研究还很少，因此研究物联网产业指标体系的构建，需要借鉴我国信息产业发展水平指标体系构建的相关研究成果，见表 4.1。结合物联网产业的特征和物联网产业发展的影响因素等，建立比较完整的可以衡量物联网产业发展水平的指标体系。

表 4.1　我国信息产业发展水平指标体系研究成果

时间 （年）	作者/ 机构	文献标题/课题名称/ 著作	指标体系内容
2000	国家统计局	《中国信息化测度与评价的指标体系》	以信息资源开发利用、信息网络建设、信息技术应用、信息产业发展、信息化人才、信息化政策为一级指标，25 个二级指标构成
2001	信息产业部	《国家信息化指标构成方案》	以信息量、信息装备率、通信主体水平、信息系数、信息技术和信息产业为一级指标，20 个二级指标构成
2000	郑建明等	《中国社会信息化进程测度报告》	以信息资源、信息网络、信息产业、信息人才为一级指标，21 个二级指标构成
2000	秦玫芬	《信息化水平测算方法的改进及实例研究》	以信息传播量、信息装备水平、信息生产水平、信息人水平和信息消费水平为一级指标，21 个二级指标构成
2001	钟义信等	《信息化水平测度的新方法》	以信息产业能力、信息基础设施装备能力、信息基础设施使用水平、信息主体水平和信息消费水平为一级指标，18 个二级指标构成
2004	靖继鹏等	《信息经济学》	以信息产业发展潜在力、信息产业开发力、信息产业生产力、信息资源流通力、信息资源利用率和信息产业平衡力为一级指标，29 个二级指标构成
2005	郑京平等	《中国信息化评价与比较研究》	以信息资源、信息基础设施、信息化人力资源、信息技术普及与应用、信息产业发展为一级指标，35 个二级指标构成
2007	魏和清	《知识经济测度方法研究》	以知识存量水平、知识创新能力、知识应用能力、知识传播能力、知识经济环境和经济可持续发展为一级指标，21 个二级指标构成
2007	李敏等	《信息产业发展水平综合指标体系研究》	以总量水平、基础建设水平和科技创新能力为一级指标，10 个二级指标构成

时间 （年）	作者/ 机构	文献标题/课题名称/ 著作	指标体系内容
2008	郭敏	《我国信息化发展水平的测度与分析》	以信息产业能力、信息基础设施使用水平、信息主体水平和信息消费水平为一级指标，17个二级指标构成

3. 指标体系构建原则

（1）科学性和完整性

科学性是指标体系构建的重要原则，指标体系要建立在科学、客观的基础上，明确指出指标的物理意义。指标体系应当相对比较完整，能够反映物联网产业发展的主要方面或主要特征。同时，从理论上说，指标设置的越细、越多、越全面，反映客观现实也越准确，也能较好地量度国家或者区域范围内物联网产业发展水平。

（2）典型性和代表性

指标体系的构建应该注意指标的选取要具有典型性和代表性，避免指标之间意义的重复，避免既浪费时间精力又没有很好地反应物联网产业的发展水平。

（3）可操作性和可行性

可操作性和可行性是指标体系又一个重要的原则，无论是面向评价者、决策者，还是面向公众者，指标既要考虑简单清楚，又要考虑定量化的可行性、建模的复杂性以及数据的可靠性和可获得性，尽量简单实用。

（二）物联网产业发展水平指标体系确立

依据以上指标体系构建原则，综合考虑现有文献研究成果，在相关的信息化发展水平评价指标基础上，结合物联网产业的特征和物联网产业发展的影响因素，通过现象型指标到综合型指标的演变，确定反映物联网产业发展水平的指标体系，即五个一级指标：网络发展水平、装备水平、研发能力、市场应用水平和总量水平，每个一级指标下又包含不同数量的二级指标，如图4.4所示。

物联网产业发展水平指标体系

网络发展水平（A_1）
- 互联网普及率（B_1）
- 人均宽带拥有量（B_2）
- 无线传感器网络普及率（B_3）
- 3G 等移动通信网络普及率（B_4）
- IPv4 向 IPv6 转化程度（B_5）

装备水平（A_2）
- 个人电脑普及率（B_6）
- 移动电话普及率（B_7）
- 射频标签普及率（B_8）
- 传感器使用数量（B_9）

研发能力（A_3）
- 技术研发强度（B_{10}）
- 科技人员比重（B_{11}）
- 自主研发专利所占比重（B_{12}）

市场应用水平（A_4）
- 传感器市场规模（B_{13}）
- RFID 市场规模（B_{14}）
- M2M 市场规模（B_{15}）

总量水平（A_5）
- 物联网产业增加值占 GDP 比例（B_{16}）
- 网络设施建设投资占全部基础设施建设投资比重（B_{17}）
- 受雇于物联网产业的员工比例（B_{18}）

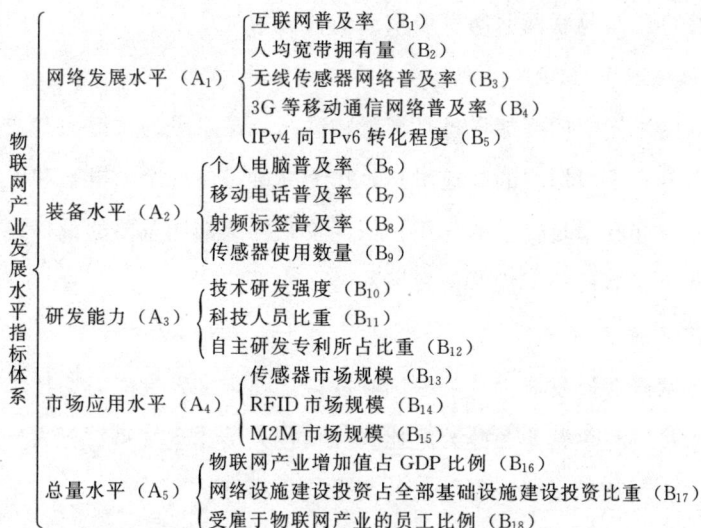

图 4.4 物联网产业发展水平指标体系

1. 网络发展水平（A_1）

物联网产业的网络发展水平反映一个国家物联网产业的网络发展环境，既体现了物联网产业发展的基础条件，又预示着一个国家物联网产业未来发展潜力。物联网是互联网的延伸与扩展，把人与人之间的互连互通扩大到人与物、物与物之间的互连互通，可以说互联网是物联网的核心与基础，根据第 35 次全国互联网发展状况统计报告，至 2015 年 12 月，我国互联网网民规模达 6.88 亿，互联网普及率已攀升至 50.3％，手机网民规模达 6.20 亿，互联网普及率将成为衡量物联网网络发展水平不可缺少的关键因素。

宽带传感网有两层含义，一是传感，二是宽带。传感网发展不是很快的主要原因在于带宽不够，不能使用户在异地很好地应用，获得像在现场一样的感受。因此反映实际通信能力的人均宽带拥有量指标，也成为物联网网络发展水平的关键因素。其一，无线传感器网络普及率和 3G 等移动通信网络普及率也是物联网网络发展的必备基础建设。其二，由于目前以 32 位编码的 IPv4 资源极度匮乏，为实现无处不在的物联网产业发展，以 IPv6 为核心的新一代互联网将提到重要的地位，因此 IPv4 向 IPv6 的转化程度必将成为物联网网络发展水平的核心指标。

2. 装备水平（A_2）

物联网感知层的终端设备是衡量物联网装备水平的关键因素之一，随着个人电脑和手机用户的高速增长，作为终端设备的个人电脑和手机在物联网应用中起到举足轻重的作用；作为物联网感知层重要的设备终端，射频标签和传感器反映了物联网发展的装备水平。

3. 研发能力（A_3）

物联网产业研发能力反映一国物联网产业未来发展能力。技术研发强度（技术经费与主营业务收入之比）和科技人员比重（每百万人员中科技人员所占比例）是反映研发能力的两个突出指标。

目前我国面临物联网核心关键技术缺失问题。除下一代互联网等技术外，我国只有极少数企业拥有物联网核心技术，以 RFID 技术为例，RFID技术是物联网中的核心关键技术，但在全球 RFID 专利中，我国 RFID 专利申请量只有美国的 6.5%，日本的 45.7%，而且多以实用新型专利为主，发明专利数量较少。美国在芯片、编码、空中接口协议等领域拥有大批专利，其申请总量超过了欧盟、世界知识产权组织、日本以及我国大陆等多个区域专利申请总量的总和，高达 53%。因此物联网产业自主研发专利所占比重，也反映物联网研发能力的高低。

4. 市场应用水平（A_4）

物联网产业市场应用水平反映一个国家物联网产业发展的总体现状。由于物联网产业涉及领域面广，涵盖范围大，对于物联网产业总体现状进行准确的估计和预测比较困难，因此选取物联网产业主要应用市场的传感器市场、RFID 市场、M2M 市场 3 个二级指标，大体能够反映物联网产业市场的应用水平。以长城战略咨询的《物联网产业发展研究（2010）》中物联网产业三大细分市场规模预测图（2010—2020）为例，可以看出三大细分市场的市场规模，如图 4.5 所示。

单位：亿元

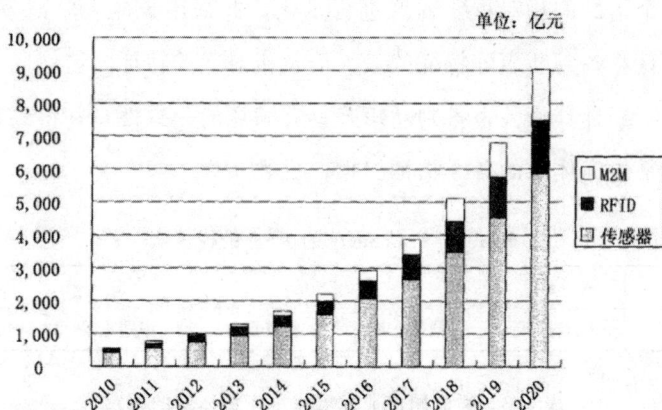

图 4.5　物联网产业三大细分市场规模预测（2010—2020）

5. 总量水平（A_5）

物联网产业发展总量水平指标是综合性较强的单指标，能够在一定程度上反映物联网产业发展的总体规模。物联网产业增加值占 GDP 比例指标是反映物联网产业在国民经济中所占地位；网络设施建设投资占全部基础设施建设投资比重指标是反映物联网发展中网络设施建设国家重视程度和政策力度，其中全部基础设施建设投资指能源、交通、邮电、水利等国家基础设施建设的全部投资；受雇于物联网产业的员工比例指标是反映物联网发展水平中人力资本实力。因此，选取物联网产业增加值占 GDP 比例、网络设施建设投资占全部基础设施建设投资比重和受雇于物联网产业的员工比例来作为物联网产业发展总量水平的二级指标。

（三）权重的确定

物联网产业发展水平指标体系中各个指标要素权重的分配反映了每个指标对指标体系的不同重要程度。因此如何有效地分配各个指标的权重是对物联网产业发展水平进行准确评价的关键一步。根据美国匹兹堡大学教授 T. L. Saaty 提出的层次分析法，通过比较各个指标的相对重要性建立判断矩阵，从而计算出各个指标的权重。利用 T. L. Saaty 提出的 1～9 的标度法（见表 4.2，在上述重要程度之间的，用 2，4，6，8 表示），邀请专家对各个指标的相对重要程度进行量化，并采用天津大学研发的 AHP 软件系统计算各判断矩阵特征的最大值及所对应的特征向量，同时进行一致性检验。经计算检验，各判断矩阵具有满意的一致性，并得到物联网产业发展水平指标体系的各个指标权重，见表 4.3。

表 4.2　T. L. Saaty 的 1～9 的标度法

标度	1	3	5	7	9
定义	同样重要	稍微重要	比较重要	特别重要	极端重要

表 4.3　物联网产业发展水平指标体系的权重

	指标类型	权重	指标名称	权重
物联网产业发展水平指标体系	网络发展水平（A1）	0.328	互联网普及率（B1）	0.167
			人均宽带拥有量（B2）	0.051
			无线传感器网络普及率（B3）	0.051
			3G 等移动通信网络普及率（B4）	0.049
			IPv4 向 IPv6 转化程度（B5）	0.009
	装备水平（A2）	0.328	个人电脑普及率（B6）	0.034
			移动电话普及率（B7）	0.034
			射频标签普及率（B8）	0.073
			传感器使用数量（B9）	0.188
	研发能力（A3）	0.132	技术研发强度（B10）	0.019
			科技人员比重（B11）	0.019
			自主研发专利所占比重（B12）	0.094
	市场应用水平（A4）	0.112	传感器市场规模（B13）	0.045
			RFID 市场规模（B14）	0.045
			M2M 市场规模（B15）	0.022
	总量水平（A5）	0.100	物联网产业增加值占 GDP 比例（B16）	0.040
			网络设施建设投资占全部基础设施建设投资比重（B17）	0.040
			受雇于物联网产业的员工比例（B18）	0.020
	合计	1.000	合计	1.000

根据表 4.3 的计算结果，从一级指标看，网络发展水平指标和装备水平指标的权重之和超过 65％；研发能力指标、市场应用水平指标的权重

相近，都不到 12％；总量水平指标权重刚达到 10％，是指标中权重最低的，原因在于我国地区之间差距较大，必须要以政府引导促进，重点应用示范为主导，带动产业链的形成和发展，统筹各地区协调发展。从二级指标看，物联网普及率指标和传感器使用数量指标的权重相对比较高，都达到 16％以上。

本指标体系是动态的，在物联网发展的初级阶段是适用的，在物联网发展的下一个时期，该指标体系及其权重就要进行适当调整，增加研发能力、市场应用水平和总量水平指标的权重。我国物联网产业仍处于产业形成期，长城战略咨询（GEI）预测，未来 1 至 3 年物联网将以政府引导促进、重点应用示范为主导，带动产业链的形成和发展。并预计中国物联网产业的总体规模，到 2016 年将超过 1 万亿。2009 年国务院总理温家宝在题为《让科技引领中国可持续发展》的讲话中明确提出："着力突破传感网、物联网关键技术，及早部署后 IP 时代相关技术研发，使信息网络产业成为推动产业升级、迈向信息社会的'发动机'。"物联网已经成为国家未来新兴战略产业发展的一个重要方向，这也正是构建物联网发展水平指标体系的关键意义所在。

四、物联网产业组织市场行为的指标分析——以长三角区域为例

（一）市场行为的指标构成及其内容

1. 生产运作

物联网产业从技术构架看，可以分为感知层、网络层（通信层）和应用层。如图 4.6 所示。三层之间相关联系形成一个产业链，每层中都存在着相关的物联网企业，见表 4.4，并进行相关的生产运营。

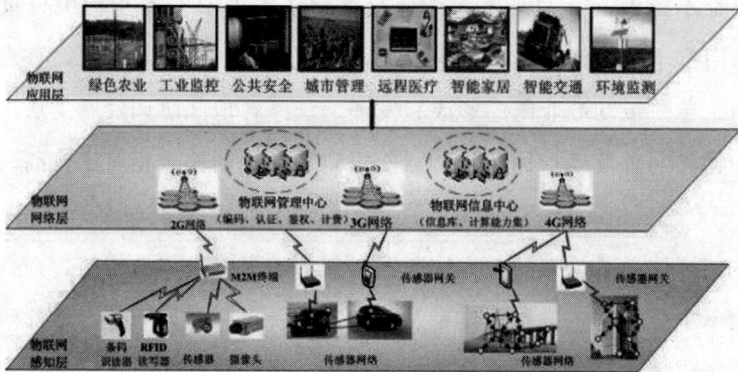

图 4.6　物联网产业链图

表 4.4　物联网各层次区域代表企业

地区	感知层	网络层	应用层
上海	1. 秀派电子科技有限公司 2. 复旦微电子股份有限公司 3. 阿法迪智能标签系统技术有限公司	1. 贝尔股份有限公司 2. 贝岭股份有限公司 3. 普天邮通科技股份有限公司	1. 吉量软件科技有限公司 2. 万物通物联网技术有限公司 3. 宝信软件股份有限公司
江苏	1. 瑞福智能科技有限公司 2. 凯路为微电子有限公司 3. 木兰电子技术有限公司	1. 南京普天通信股份有限公司 2. 新海宜通信科技股份有限公司	1. 南京南瑞集团公司 2. 熊猫电子集团有限公司 3. 联创科技集团股份有限公司
浙江	1. 银江股份有限公司 2. 大立科技股份有限公司 3. 大华技术股份有限公司	1. 富春江通信集团有限公司 2. 东方通信股份有限公司 3. 三维通信股份有限公司	1. 海康威数字技术股份有限公司 2. 杭州恒生电子集团有限公司 3. 浙大网新科技股份有限公司

　　感知层中的物联网企业，从事的是传感设备的开发及生产，是物联网产业的基础。感知层由各种传感器以及传感网关构成，具体包括二氧化碳浓度传感器、温度传感器、湿度传感器、二维码标签、读/写标签、摄像头、GPS 等感知终端，主要实现识别物体、采集信息的功能。物联网上游企业投入一定的资源，开发制造符合需求的各类传感器，并将其销售给下游企业。

　　网络层中的物联网企业，主要运营目标是建立网络管理中心及信息中心，在产业链中起着承上启下的作用，将上下游企业有机联系起来，共同推进物联网产业的发展。网络层中由各种私有网络、互联网、有线和无线通信网、网络管理系统和云计算平台组成，通过专门的系统，传递、分析和处理获取的信息。物联网企业通过投入大量的网络技术资源，建立可分析、可处理信息的管理中心，连接感知层企业进入应用领域。

应用层中的物联网企业，主要的运营目标是销售智能产品，是物联网产业链中至关重要的环节。应用层是物联网和用户的接口，与需求相联系，最终实现物联网的智能应用。目前，由于物联网产品标准不统一，许多物联网企业纷纷建立自己的标准，造成了生产的产品与市场需求存在"脱节"现象。

2. 技术创新

物联网产业是技术创新和新兴产业的深度融合，代表着科技创新和产业发展的方向。物联网企业要想在未来市场中保持持续的竞争力，必须通过原始创新、集成创新和引进消化吸收再创新等方式，突破传感器技术、RFID 技术、传感器网络相关的通信技术、通信物联网技术、物联网平台技术等核心技术。一般来说，对于不同规模的企业，技术创新有渐进式和跳跃式两种形式。长三角区域的大企业，凭借雄厚的研发资金、人才、政策等优势，主要进行的是渐进式技术创新；而小企业，受到各种资源的限制，要么是跳跃式技术创新，要么就不进行技术研发。

3. 组织结构调整

物联网产业组织结构调整包括内部组织结构调整和外部组织结构调整。

从内部组织结构看，物联网对传统"金字塔"层级结构管理造成严重冲击，流程化管理、平衡计分卡、精益生产等管理模式受到挑战，"虚拟扁平化"将取代"科层结构"，突破了传统组织边界，增强对环境的感应能力和快速反应能力，实现信息共享，形成"虚拟组织"。

从外部组织结构看，产业联盟和产业集群是最主要的组织结构调整形态。产业联盟是物联网产业链上的相关企业，按照平等、互助、合作、共享的原则，联合发起成立的松散组织。为推动物联网产业的发展，长三角区域物联网相关企业、科研机构、运营商等纷纷牵头组织成立了物联网产业联盟，具体见表 4.5。物联网产业联盟的成立，有助于充分发挥长三角在电子信息、微电子、通信网络、数据处理等方面的行业优势，促进物联网产业相关行业经济效益最大化，推动物联网产业链相关产品的研发、制造、推广以及应用。就目前而言，物联网产业技术及产业链商业模式仍不成熟，产业链分工尚不清晰，产业联盟存在"拼盘"特征。

表 4.5　长三角区域物联网产业联盟概况

区域	产业联盟情况
上海	中国射频识别产业技术（上海）创新联盟；国际（上海）物联网联盟；上海物联网产业联盟；上海电子标签与物联网产学研联盟；上海浦东新区物联网协会；上海物联网中心等
江苏	中国传感（物联）网技术产业联盟；中国物联网研究发展中心；中国物联网校企联盟；江苏省新型感知器件产业技术创新战略联盟；南京物联网产业联盟；无锡"感知中国"物联网联盟；徐州物联网产业发展研究中心等
浙江	浙江省物联网产业技术创新联盟；杭州物联网产业合作联盟；宁波市物联网产业联盟（宁波市物联网产业协会）；嘉兴物联网协会等

［资料来源：根据相关网站整理所得］

　　为推动产业链之间的合作，加快产品研发、生产推广和资源共享，长三角区域纷纷建立物联网园区和示范基地，争抢物联网产业集群发展的高地。具体见表 4.6。其中，2012 年浙江省拥有通信和计算机网络、软件与信息服务业、电子信息机电和电子元器件及材料等超千亿产业集群 4 个，超百亿元园区（基地）8 家。江苏省的无锡、苏州、南京物联网产业区内的规模占全省的比重超过 72%，产业集聚发展态势明显。

表 4.6　长三角区域物联网产业集群概况

区域	产业集群情况
上海	世博园区物联网示范基地；上海物联网科技园；上海市云计算产业基地；张江物联网产业特色园区等
江苏	无锡传感网创新园、产业园和信息服务园；南京普天物联网产业园；南京云瑞创智产业园；昆山传感器产业基地；苏州工业园区通信产业基地；苏州高新区、吴江、常熟等电子信息产业基地；国家矿山安全物联网创新示范区等
浙江	杭州高新区（滨江）物联网产业园；杭州市物联网孵化园；杭州云计算产业园；利尔达物联网科技园；嘉兴物联网产业园；温州高新区物联网产业发展示范区等

［资料来源：根据相关网站整理所得］

4. 价格行为

价格行为是市场机制发挥作用的基础。物联网产业组织的市场价格行为主要包括价格竞争和价格协调。

物联网产业组织的价格竞争行为包括阻止进入定价行为和掠夺性定价行为。阻止进入定价行为的直接目的是阻止新竞争对手的加入，实质上是一种以牺牲部分短期利润来追求长期利润最大化的行为。在长期中，利润较高的产业必然吸引新企业的进去，而且利润率越高对新企业的吸引力越大。由于传感器、二维码、RFID 等有着巨大的市场需求，为了争夺市场，大量的中小企业纷纷降低价格，极力压缩利润空间，较大程度上阻止了新企业的进入与物联网产业的推广。由于物联网产业还处于发展阶段，没有形成稳定的竞争市场，驱逐竞争对手的定价行为较少发生。

价格协调行为是指同一市场上的企业为了某些共同的目标在价格决定和调整过程中相互协调而采取的共同定价行为。价格协调的卡特尔和暗中配合两种形式一般发生在寡头垄断市场上。对于长三角区域的物联网产业组织来说，只有产业链中游的物联网通信市场属于寡头垄断市场结构，但是国家有严厉的法律法规限制，而物联网上游的传感设备制造市场，由于众多的中小企业对于未来预期往往差别很大，价格协调需要高昂的成本。

（二）分析结果

1. 生产运作

感知层中的物联网企业主要进行传感设备制造，并将其产品销售到下一环节；网络层中的物联网企业将各种网络组合起来，连接感知层进入应用层；应用层中的物联网企业通过市场推广实现终端用户的智能应用。通过感知层、网络层和应用层企业之间的紧密合作，最终实现企业盈利。但由于产品标准不统一，存在生产与应用的"脱节"现象。

2. 技术创新

长三角区域物联网企业通过原始创新、集成创新和引进消化吸收再创新等方式，突破物联网核心技术，获取较为丰富的知识专利，走在全国物联网产业组织发展的前列。就技术创新形式而言，规模较大的企业主要是渐进式技术创新；规模较小的企业可能或采取跳跃式创新或不进行技术研发。

3. 组织结构调整

从内部组织结构调整看，"虚拟扁平化"将取代"科层结构"，突破了传统组织边界，形成"虚拟组织"；从外部组织结构调整看，一方面，企业、科研机构、运营商纷纷组成产业联盟，另一方面，产业链之间的企业形成产业集群。通过组织结构调整，企业加强了对物联网环境的快速适应能力。但就目前而言，产业联盟存在"拼盘"特征，产业链系统还不完善。

4. 价格行为

物联网产业链上游企业由于缺乏对核心技术的掌握，可能采取恶性价格竞争行为，以保持市场份额。受到市场结构的影响，价格协调行为基本不会出现。产业链中游的物联网运营商受到政策限制，定价行为受政府调控。下游物联网企业一般会采取差异化定价策略。

五、我国物联网产业组织市场行为的商业模式[①]

明确商业模式分析框架对物联网产业组织商业模式的研究至关重要，不同学者提出了不同的分析框架。Chesbrough 和 Rosenbloom 的分析立足于技术与商业模式的互动关系，认为商业模式组成要素包括价值主张、目标市场、内部价值链结构、成本结构与利润模式、价值网络以及竞争战略等方面，对构建物联网产业商业模式具有借鉴意义。结合实际情况，通过对物联网价值创造活动的全方位考察和抽象总结，并在参考国内外众多学者关于商业模式以及物联网产业组织商业模式研究观点的基础上，本研究提出了物联网产业组织商业模式的分析框架——三大构成模块和 5 个构成要

---

① 郑淑蓉，吕庆华. 我国物联网产业商业模式的本质与分析框架. 商业经济与管理，2012 (12)：1—12

素。三大构成模块即：业务运营模式、技术服务模式、资本投资模式。5 个构成要素就是描述了向哪些客户提供什么样的价值，即定位；潜在利益和收入来源，即盈利模式；各参与方及其角色、合作伙伴网络和关系资本等，即业务系统；如何在提供的价值中保持优势，即关键资源和能力；资本来源、资本使用等流动策略，即资金流。物联网产业商业模式分析框架是连接物联网资本运作、物联网技术开发和物联网经济价值创造的一种多视角的立体结构。物联网产业组织商业模式分析框架中模块与构成要素的关系，如图 4.7 所示。

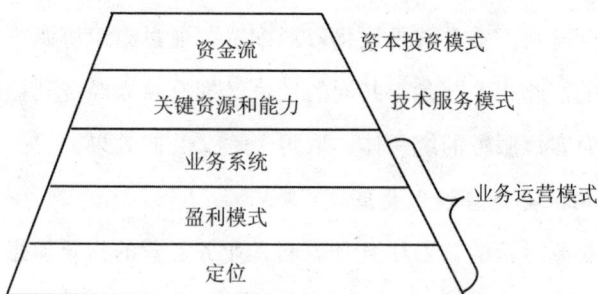

图 4.7　物联网商业模式分析框架

在此分析框架中，与现有的研究相比，物联网产业商业模式被描述成一个涉及所有商业活动主体、各种关系和完全流程的复杂的社会商业系统，建立含目标定位、运营模式、业务系统、联盟、核心产品和服务、客户、资金流等基本要素在内的完整的商业模式的统一整体，体现了有形资产和无形资产独特组合的创造价值获取利润的逻辑与方法。物联网产业商业模式的基本结构包括：业务运营模式、技术服务模式和资本投资模式。

（一）物联网业务运营模式

1. 物联网业务运营的原则

物联网业务运营模式是物联网价值的实现模式。在物联网产业链中，一端输入的是运营资源，一端输出的是物联网价值，中间实现这种转换的就是业务运营。成功的业务运营能使物联网产业运行的内外各要素整合起来，形成高效的具有独特核心竞争力的运行体系，并通过提供产品和服务，达到持续赢利的目的。业务运营是物联网产业创造价值的基本模式。

物联网业务运营模式包括准确定位、收入来源和合作伙伴网络，该内容包含着业务运营必须遵循的三大原则：持续赢利原则、客户价值最大化原则和资源整合原则。

持续赢利原则。能否持续赢利是判断物联网业务运营是否成功的唯一外在标准。

客户价值最大化原则。一个能够满足客户价值最大化的业务运营，赢利才能具有持续性。

资源整合原则。整合就是优化资源配置。通过组织协调，把物联网产业内外环境中彼此相关既参与共同的使命又拥有独立经济利益的合作伙伴整合成一个为客户服务的统一体，取得 $1+1>2$ 的效果。

2. 物联网业务运营模式构成

物联网业务运营的首要任务是盈利，业务运营的指导思想是囊括产业链中的所有参与者，共同寻找赢利点，实现多方共赢的目的。根据物联网产业链的构成和国内外物联网业务运营的经验，物联网业务运营模式的构成，如图 4.8 所示[1]。

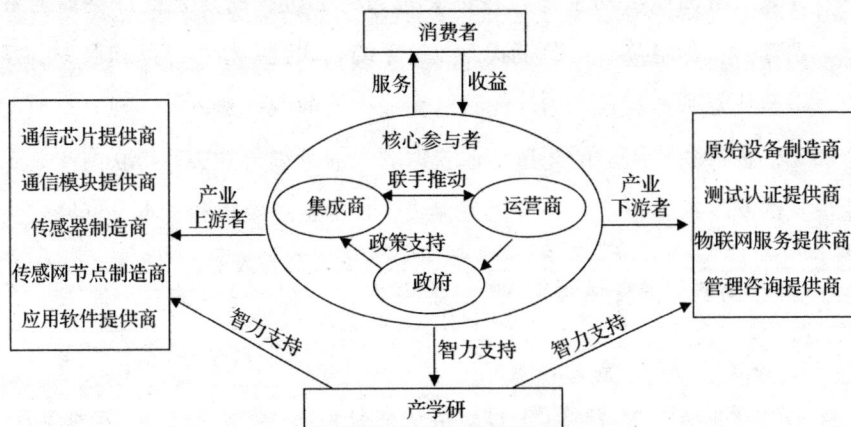

图 4.8　物联网业务运营模式构成

① 范鹏飞，焦裕乘. 物联网业务形态研究. 中国软科学，2011（06）：57—64

根据图 4.8，可以看出，物联网业务运营模式包含五大模块的参与者以及参与者在物联网产业生态环境中的位置及其相互关系。五大模块分别为核心参与者模块、产业上游者模块、产业下游者模块、产学研模块和消费者模块。这五大模块构成一个辩证统一的运营系统，这一运营模式体现持续赢利、客户价值最大化、资源整合的三大原则，与物联网产业链相吻合，体现符合物联网实际业务运作情况，符合物联网产业发展初级阶段的特色。

3. 物联网业务运营模式构成说明

核心参与者模块包括政府、产业链系统中的系统集成商和电信运营商。政府提供政策支持，鼓励其整合产业链。电信运营商拥有平台和网络，系统集成商提供物联网产品和解决方案，二者联合推动物联网产业的发展。

产业上游者模块包括通信芯片提供商、通信模块提供商、传感器制造商、传感网节点制造商、应用软件提供商。他们为系统集成商提供原始设备，与系统集成商分享利益。

产业下游者模块包括原始设备制造商、测试认证提供商、物联网服务提供商、管理咨询提供商。他们为核心参与者模块提供后勤保障。

产学研模块是指产业、高校和研究所联合组成的研究开发模式，通过产学研模式的不断技术创新，可以迅速提高物联网技术及其产业应用。它为其他模块提供强大的智力支持。

消费者模块是物联网产业盈利的最终源泉。一方面，庞大的消费者需求促进了物联网产业的发展。另一方面，物联网产业开发的产品和服务又满足了消费者的物联需求。

（二）物联网技术服务模式

技术服务模式是有关技术服务的方法和方案。技术服务模式是在物联网产业链推动下和物联网业务运营模式矩阵中核心参与者的实力对比状态下而形成的。根据物联网产业链推动龙头所需的公司经济体量、物联网核心信息通道提供能力和物联网运作的技术实战经验看，物联网技术服务逐渐形成了特征显著、实力较强的四大服务模式。

1. 移动运营商主导的物联网技术服务

目前，从国内外物联网市场的主要技术产品看，移动运营商主导的物联网技术服务主要有三种类型：（1）开发用于 MIM 的嵌入式 SIM 卡和推进智能仪表的技术服务。（2）单纯提供网络连接服务的网络通道技术。（3）移动金融技术，主要集中体现为银行的移动 POS 应用，最典型的是各大运营商和银行合作开展的移动支付业务以及大城市的公交一卡通技术。

2. 系统集成商主导的物联网技术服务

物联网专业化特征明显，行业壁垒高，应用复杂的行业更需要系统集成商的存在。系统集成商一般是第三方企业，拥有较强的软硬件开发和集成能力，在这种模式下，系统集成商采购设备制造商提供的物联网设备，加上自己的开发和集成能力，为客户提供完整的解决方案。目前，系统集成商主要提供 RFID 和传感网的技术业务。

3. 电信运营商主导的物联网技术服务

要实现真正的物联网，达成物物互联、信息互通，信息数据传输通路是最重要的核心技术。就此电信运营商根据其竞争力和影响力会将技术服务贯穿于整个物联网产业链。电信运营商主导的物联网技术服务主要有四种类型：（1）间接提供网络连接，由系统集成商租用电信运营商网络，通过整体方案连带通道一并向用户提供技术业务。（2）直接提供网络连接，由电信运营商向使用 MIM 业务的客户直接提供通道技术服务，而不通过系统集成商。（3）合作技术开发、独立技术推广，系统集成商开发业务，电信运营商负责技术平台建设、网络运行、业务推广及收费。（4）独立技术开发、独立技术推广，电信运营商自行搭建平台开发业务，直接提供给客户。

4. 政府主导的物联网公共服务平台式的技术服务

近几年来，国内物联网的应用具有如下特征：（1）碎片化市场。应用广泛，每一应用规模都较小，功能狭窄。（2）专业化集成。物联网应用专业化与个性化程度极高。（3）孤岛式服务。大多数的物联网仅服务于一个机构、一个企业、一个商家或一类聚类等，范围仅局限于一个办公室、一座楼宇或一个小区内的孤岛式微区域。针对物联网的应用特征，改善物联网的服务状况，目前，关键的途径是建设以政府为主导的物联网公共服务平台。

物联网公共服务平台，聚集多领域的资源和能力，整合各种信息、内容和应用，将多主体提供的多种业务和服务有机结合在一起并提供给客户，从而满足客户物联网泛在化和一体化的需求，体现以政府为主导、以运营商为核心的聚合技术服务。

物联网公共服务平台包含五大技术服务：统一的物联网终端管理；精细化的物联网信息交换服务；国家级的物联网信息监管；物联网网络系统测试和验证检测；物联网共性技术工具库和解决方案库的提供。

物联网公共服务平台具备三大服务特征：（1）联盟合作。以运营商的物联网信息通信服务为核心，以行业核心企业的信息化和应用为龙头，以政府的政策和监管为导向的多方共赢的物联网公共服务架构，形成资源开放的资本渗透的密切联盟合作的服务模式。（2）聚类市场。物联网技术服务一般先从行业切入，延伸为公众用户服务，即从行业应用渗透到其关联客户群，形成产融渗透模式的公共服务。（3）"云聚合"①。"云聚合"是一种建立在云计算基础上，以用户服务为中心，根据已有的运营平台和业务能力，针对目标市场整合内外部资源，形成用户、商家、多方参与者共同创造价值的技术服务模式。物联网技术服务四大模式的比较，参见表 4.7。

表 4.7　物联网技术服务模式比较

主导者	核心个体	技术价值	技术服务内容	应用行业
移动运营商	无线网络运营商 移动金融商	网络通道 资源互补与合作	网络连接 MIM 服务 移动金融	智能行业 移动支付
系统集成商	软硬件集成商 软件内容集成商	完整的解决方案	RFID 技术 传感网技术	环保监控 智能交通 自动化行业

---

① 郑欣. 物联网未来十类商业模式探析. 移动通信，2011（07）：64－68

主导者	核心个体	技术价值	技术服务内容	应用行业
电信运营商	电信运营商	网络通道 技术开发 合作性	网络连接 技术推广 平台建设	所有行业
政府	中央企业 经济管理部门	资源交换和互补 合作性	平台建设 监管与检测	所有行业

(三) 物联网资本投资模式

资本投资是经济增长的推动力，也是产业发展的加速器。物联网资本投资模式指物联网在业务运营和技术服务过程中涉及的一种资本出资方式。资本投资模式的重要性不亚于物联网的业务运营和技术服务，它需要不断地创新，让投资者能获取相应的商业回报，驱动物联网持续健康发展。目前，物联网的资本投资模式有以下五种类型。

1. 财政扶持与政府投资

物联网是我国"十二五"战略性新兴产业之一，财政扶持对新兴产业的发展至关重要。财政扶持率先推动自主创新和科技成果转化，提升企业的研发能力和产品服务能力，促进产业链形成。

在物联网投资领域政府成了领头羊，原因有三。(1) 目前所涉及的领域基本上是民生工程的基础工程。(2) 前期工作多、投入大，适合由政府完成。(3) 涉及面广，适合持续发展，方便企业参与。目前政府率先开展了一系列具有战略性、全局性的物联网试点和示范工程，在智能电网、智能交通、智能物流、医疗卫生、环保监测、智能制造、国防军事等领域取得了初步进展，2004—2010年，由政府牵头的主要试点、示范和应用领域如下：无锡的"国家传感网创新示范区"，在环保、交通等领域率先展开传感网应用示范工程；北京的"中关村物联网产业联盟"，主要应用在公共安全、智能交通、生态环境等；上海的"上海物联网中心"，建立公共安全传感网平台；杭州的"杭州东部软件园"，试点市民"一卡通"项目、智能城市、智能生活等；嘉兴的"无线传感网工程中心"，目标是传统产业向信息产业的转型升级；苏州的"昆山传感器产业基地"，开展水质监测系统、智能交通系统等应用；天津的"中国 RFID 产业联盟（天津）基地"，试点信息安全、物联网综合解决方案；成都的"成都九洲物联网产业园"，试点智能仓储物流、安全追溯、智能家居和智能交通等应用。

2. 企业资本运作与投资

物联网企业在技术研发、项目承接、战略联盟和品牌塑造等领域的开拓，都离不开资本运作与投资。企业资本运作囊括了从资本进入、资本使用到资本退出的整个过程。资本进入涉及选择类型与计划筹措，资本使用涉及内部使用与外部使用，资本退出涉及主动退出与被动退出等等。可以看出，对资本运作与投资的规划必不可少。在资本运作与投资模式设计过程中要权衡各方因素，择优选择方案，目前，可供选择的方案有以下三种。

终端免费。物联网公司通过向某一类客户收取少量费用或提供免费服务，吸引足够数量的同类客户，依次再依靠他们吸引另一类客户，后者的贡献将大大超过公司服务前者的成本。物联网产业发展的初期，可以通过免费办法，吸引大量用户的关注和使用，并逐渐将其中的一部分升级为付费的 VIP，以更好的增值服务作为交换。

平台租赁。平台运营商搭建公共平台，具体运作有二种做法，一是企业使用公共平台，只承担物联网识读器和物联网识读标识的费用以及相关的通信费用。二是广告商租赁公共平台，通过广告收入支付物联网平台运营费用。如图 4.9 所示。

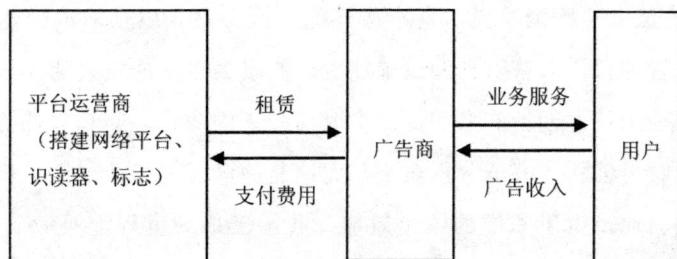

图 4.9 平台租赁

全部自建。企业各自为政，自行投资建设业务平台、终端识读器和终端识读标识，同时租赁运营商的通信网络方式。

3. BOT

BOT（build-operate-transter），即建设—经营—转让，指政府通过契约授予私营企业（包括外国企业）以一定期限的特许专营权，许可其融资建设和经营特定的公共平台，并准许其通过向客户收取费用以清偿贷款，回收投资并赚取利润；特许期限届满时，该基础设施无偿移交给政府。如图 4.10 所示。

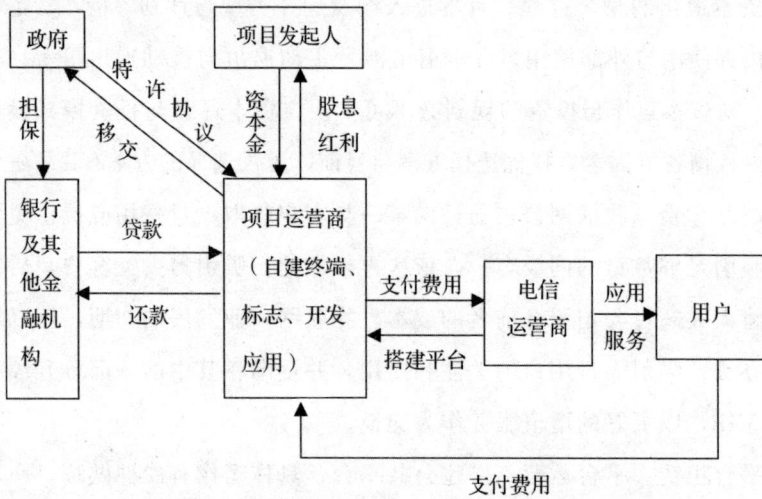

图 4.10 BOT 模式

4. FDI

FDI（Forign Direct Investment）即外商直接投资，是一国的投资者（自然人或法人）跨国境投入资本或其他生产要素，以获取或控制相应的企业经营管理权，以获得利润或稀缺生产要素为目的的投资活动。在开放经济中，一国技术创新能力的提高主要依赖于内源式创新和对外源性技术的消化吸收再创新。实证分析表明，无论是地区还是行业层面，FDI 对我国技术创新均产生了积极的溢出效应。我国已成为世界上吸收 FDI 最多的发展中国家，国内吸收 FDI 最成功的是苏州[①]。而中国信息产业又是吸引 FDI 增长最快的产业部门之一。加入 WTO 后，中国逐渐对外开放，使

---

① http：//baike.baidu.com

得中国信息产业发展的市场环境不断完善，从而吸引越来越多的跨国公司投身中国的信息产业，特别是加大了对电子信息产品的投资力度，并呈现出一新的特点，这些特点表现在：（1）呈现明显的聚集效应。主要集中在珠三角、长三角、闽三角和沿渤海湾四大产业基地。（2）依托中国巨大的市场和价廉的劳动力，跨国公司在中国形成加工制造中心。（3）合资企业独资化的现象日益突出。（4）软件产业和集成电路产业成吸引外资的热点。

5. 风险投资

广义的风险投资（Venture Capital 简称 VC）泛指一切具有高风险、高潜在收益的投资。狭义的风险投资是指以高新技术为基础，针对生产与经营技术密集型产品的投资。根据美国全美风险投资协会的定义，风险投资是由职业金融家投入到新兴的、迅速发展的、具有巨大竞争潜力的企业中的一种权益资本。我国物联网产业在风险投资方面表现活跃，据清科研究中心统计，从 2003 年至 2009 年，国内物联网风险投资的主要情况，参见表 4.8。

表 4.8　2003－2009 年部分获得风险投资的物联网相关企业

受资方	投资方	投资时间	受资方主营业务
久远新方向	成都高新创新投资	2004、2009	研制安全中间件，智能卡读写器等
艾德利邦	深港产学研	2004.03	提供无线网络技术的行业整体解决方案
远望谷	深圳创新投	2003.04	微波射频识别技术研究
西安富士达	中比基金	2006	射频同轴连接器与电缆组件
秀派电子	IDG 资本	2006.10	RFID 产品研究
远望谷	上海联创	2006.10	微波 RFID 技术研究
鼎识科技	汉世纪	2008.01	射频与光学识别产品的研发等
鼎识科技	达晨创投	2009.06	射频与光学识别产品的研发等
达华智能	上海永宜	2009.10	IC 卡读卡设备
多利农庄	青云创投	2011.02	中国首个农业物联网示范基地
必创科技	长友基金	2011.09	物联网工业监测高端应用市场

［来源：清科数据库 2010.03www.zero2ipodb.com.cn］

物联网资本投资模式五种类型的优缺点如下：（1）财政扶持与政府投资，优点是有助于各行业主管部门的协调与互动拉动市场，缺点是缺乏市场激励作用、挤占多方投资空间。（2）企业资本运作与投资，优点是容易吸引顾客、搭建成本得到均摊、可以达到多方共赢、行业针对性强、有利于公开竞争，缺点是投入大、诚信难以保证、投资压力大、融资难、跨行业扩张困难等。（3）BOT，优点是政府参与指导和政策支持，缺点是风险大，企业运营不善便无法偿还贷款。（4）FDT，优点是引进资金和管理、引进先进技术，缺点是投机资本流入、冲击国际收支安全等。（5）风险投资，优点是高新技术成果尽快商品化、产品化，缺点是蕴藏失败风险和利益者关系复杂等。

六、我国物联网产业组织市场行为优化

1. 建构产业投资空间整合机制

物联网产业投资空间整合机制由市场、反馈和协调三方面构成。（1）市场机制方面，物联网产业发展实现以空间整合为目标，需要一个统一开放的市场环境，它是物联网产业发展的共生环境；空间整合要求区域内部的各种要素能够在空间上任意自由流动，统一开放的市场机制将有利于要素自由流动的持续性。（2）反馈机制方面，通过建立评价反馈系统形成反馈机制，全面系统地审视各区域发展的基本条件，并在此基础上建立整合目标和开展空间整合行动；各省市物联网产业区的分析评价反馈可由区域内的大学、科研机构，以及联合国内外有关专家，组成一个决策咨询机构，针对物联网产业空间整合提供咨询，提出空间整合发展的合理模式。（3）协调机制方面，建立专门的监督管理协调运行系统；监督管理协调各级政府组织，行使物联网产业围绕目标进行整合的监督和管理权，保证物联网产业健康发展。

2. 发挥政府作用，树立区域联动意识

物联网涉及行业和领域广泛，市场和技术都不成熟，政府应发挥以下几方面作用。（1）加强网络等基础设施建设，重点扶持核心关键技术研发和共同标准编制。（2）鼓励民间投资资本的自主创新，探索新的商业模式及应用模式。（3）法律法规的完善和市场秩序的规范，提供物联网产业各环节企业公平竞争的经营环境。（4）着力培育市场，在一些公共性较强的电力、交通等领域先行示范和试点，逐步扩大市场需求。

产业空间联动必须建立在各省市协调分工、联合互动发展的基础上，走出各自为政的"行政区经济"，形成区域内产业发展的整体性、综合性和动态整合局面。加快转变传统的"市域"观念，树立新型的区域观与"区域联动、共同发展"的整体战略意识，突破行政区界线，从物联网产业整体利益出发，从长计议，取长补短，积极创造和寻求经济区内外部交流与合作，为"共赢共荣、联动发展"创造良好条件。同时，结合省域自身条件和发展可能，在功能定位方面体现错位趋势，避免资源重复和浪费，突出不同区域层次和功能的错位发展。

3. 提高示范应用的辐射带动作用

一个产业在世界产业体系或国内产业体系中的地位和作用，主要取决于其示范区的影响力和综合竞争力。物联网技术和应用模式从示范起步，结合本地化优势，形成具有辐射效应的物联网应用示范项目，通过实施"东进、南扩、北造、西延"发展战略，构筑特大区域发展框架，推广并带动其他省域协同发展。

4. 统筹规划，分步实施

统筹规划分两个方面，（1）规划物联网产业链发展，促进物联网示范应用项目在网络基础设施、传感器的国产化和云计算服务等相关高技术服务业环节的协调可持续发展。（2）部署解决各环节面临的共性问题，打破技术标准壁垒。分步实施分三步走，（1）提供优质的互联网基础设施，保证网络的畅通与融合。（2）以需求为导向，实现物联网专业化并与服务业有机融合的新业态。（3）利用现有计算资源，发展云计算服务。云服务有三种：一是软件即服务，即在线访问的软件应用；二是基础设施即服务，即向用户出租服务器，按时间计费；三是平台即服务，即提供平台工具。以超级计算能力、海量存储和网络带宽为主要特征的云服务，不仅是一种技术汇聚，而且还是一种商业模式。物联网是云计算平台的一个普通应用，物联网和云计算之间是应用与平台的关系。物联网的发展依赖于云计算系统的完善，从而为海量物联信息的处理和整合提供可能的平台条件，云计算的集中数据处理和管理能力将有效地解决海量物联信息存储和处理问题。

第 5 章　物联网产业组织的 P

—— 市场绩效分析

一、物联网产业组织的 M、S、C、P 之间的关系

(一) 市场绩效的概念

市场绩效是指在特定的市场结构、市场行为条件下，某一个产业在利润、产量等方面所达到的现实状态，实质上反映的是市场运行的效率。在产业组织学中，市场绩效研究的是整个产业和国民经济宏观层面上的，宏观产业绩效的提高微观上变现为产业内部企业效率的普遍提升。

经济主体的多元化和追求目标的多样化，物联网产业组织市场绩效的评价也应该是多层次、多方位的，主要包括经济绩效、技术绩效、社会绩效和环境绩效四个方面。

(二) 物联网产业组织的 M、S、C、P 之间的关系

物联网产业组织驱动力、市场结构、市场行为和市场绩效的分析结果是在收集资料和现有研究水平的基础上得出的。作为新一代信息技术产业，物联网还处于初步发展阶段，企业内部具体数据难以获取，针对产业组织的 M、S、C、P 之间的一般关系，可以分别从短期和长期两个角度考察。

第一，短期内，就整体系统而言，"产业组织驱动力－市场结构－市场行为－市场绩效"整体表现出一定的线性关系，如图 5.1 所示，其中实线表示一种单向决定关系。即在企业资源、产业链资本、政策环境、市场环境等驱动力因素的直接影响下，物联网产业组织的市场结构暂且不会发生根本性变化，仍将表现出企业数量多、规模大、市场集中度低、进出机制不完善、产品差异化程度不明显等特征，根据产业组织理论，这样的市场结构将决定物联网产业组织的生产运营、技术创新、组织结构调整、产品定价等行为，最终表现出特定的经济绩效、技术绩效、社会绩效和环境绩效。

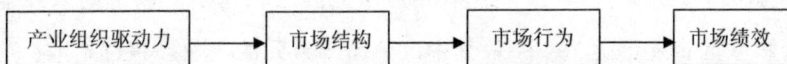

图 5.1　短期内产业组织和市场绩效的一般关系

就具体环节而言，产业组织驱动力对市场结构具有决定作用。大量的科技活动人员、雄厚的科研项目基础、良好的科技创新氛围、充足的科技研发投入等因素会促进物联网产业组织进行技术研发和应用创新，不仅提供了差异化的传感器、射频识别、嵌入式软件、系统解决方案等物联网产品，刺激了市场需求，加快物联网产业化进程，而且还有助于增强企业的规模和实力，提高市场集中度。关联的产业资本、发达的经济基础、完善的政策法规等产业组织驱动力会加快物联网产业集群，对市场结构产生决定性影响。

此外，依据哈佛学派的结构主义观点，市场集中度等是市场利润高低的主要因素，物联网产业组织的市场结构可以直接决定市场绩效，即市场结构和市场绩效之间存在因果关系。

第二，长期内，就整体而言，"产业组织驱动力－市场结构－市场行为－市场绩效"表现为长期循环的关系，即产业组织驱动力决定市场结构，市场结构决定市场行为，市场行为决定市场绩效，市场绩效决定产业组织驱动力。如图 5.2 所示，其中实线表示一种单向决定关系，虚线表示某种反作用或间接影响关系。

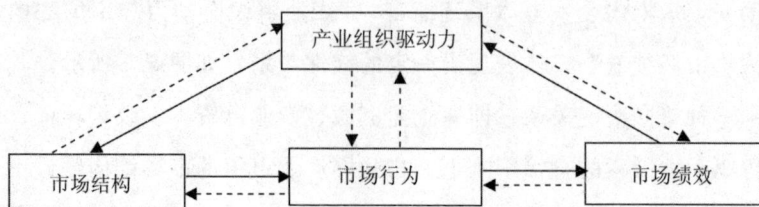

图5.2　长期内产业组织和市场绩效的一般关系

以无锡为例，凭借在集成电路、智能计算、传感器、无线通信、软件和信息服务业等关联产业的优势，围绕国家传感网创新示范区，通过技术创新、人才引进、政策和服务环境改善，2012年，无锡市物联网产业实现产值629亿元，连续三年保持30％以上的增长速度。该市列入产业统计的物联网企业已达794家，其中产值超千万元的企业已超过半数。应用示范作用有效发挥。国家物联网应用展示中心初步建成。物联网应用示范项目已涉及全市经济社会发展各重点领域，其中国家部委立项的应用示范项目有10个，省级物联网资金扶持的示范项目有6个。自主创新能力显著增强。先后承担各类物联网研发项目近千项，其中国家级项目77项，省级项目126项，多项成果填补国际、国内空白。专利授权和申请量分别达654件和805件，其中发明专利授权119件，申请433件。起草制定的国际标准有14项，国家标准14项，行业标准19项，另有67项国际标准化提案获得通过，位居全球首位。

就具体环节而言，产业组织驱动力、市场结构、市场行为和市场绩效之间任何二者或多者之间都可能存在相互影响。产业组织驱动力不仅受到企业资源、产业链资本、政策环境、市场环境等因素的影响，而且还受到市场绩效的影响。良好的市场绩效必然增强了产业组织的驱动力，即市场绩效是产业组织驱动力的充分条件。首先物联网企业利润总额的增加会直接为企业提供内部资金，这些资金可以为企业技术研发、更新固定资产、吸引人才等提供支持，也会增强产业链资本。其次，技术绩效的提高会使物联网技术得到普及和应用，刺激物联网市场需求的增长，也会改善产业组织发展的市场环境。第三，经济绩效、技术绩效、社会绩效和环境绩效的增加，还会影响政府政策的制定，加快出台统一规划，完成顶层设计，增强政策环境对产业组织驱动力的影响。此外，产业组织驱动力还受到市场结构中市场需求因素、市场行为中产品价格行为等因素的影响。

市场结构的变化除受制于产业组织驱动力之外，在一定程度上还受到市场行为的调整和市场绩效变化的影响。物联网企业跨区域、跨领域的并购重组，大物联网企业收购小物联网企业会提高市场集中度；技术创新和产品差异化程度会改变物联网企业的实力和规模，从而导致市场结构的变化等。实践证明，经济绩效好的物联网企业能够不断提高市场份额，结果导致市场集中度提高，改变市场结构。具有较高市场绩效的物联网企业往往更容易加大技术研发力度，进行组织结构调整，不断降低成本，提高经营效益，因此也就更有利于占有较大的市场份额，提高集中度。即市场绩效对市场行为和市场结构有反作用。

可见，从长期看，就整体而言，"产业组织驱动力－市场结构－市场行为－市场绩效"表现为长期的循环关系；就具体环节而言，任何二者或多者之间存在着较为复杂的结构关系，不能简单地将其视为直接的相互因果关系，还要考虑到其他因素的作用和影响。

二、物联网企业成长性评价及类型分析——基于 2008 － 2012 年上市公司数据的分析

（一）企业成长、企业成长性的国内外研究

1. 国外研究

国外企业成长的早期研究可以追溯到古典经济学，马歇尔（Marshall，1890）在其《经济学原理》① 一书中认为企业的成长道路是艰难曲

---

① 马歇尔著，朱志泰译.经济学原理.北京：商务印书馆，1997；260～287

折且难以持续的，企业的成长不会造成持久的垄断市场结构。彭罗斯（Penrose, Edith T, 1959）在其《企业成长理论》中构建了一个"从企业资源因素到企业能力因素，从而逐步形成的企业成长"的体系来分析企业成长的特定模式，并强调了内部因素对企业成长的作用。安索夫（Hiansoh, 1965）在其《企业战略》[①] 一书中论述了企业、产品、市场战略的决策过程，从管理和技术的视角寻求企业成长的根本，认为企业成长要根据自身的特长优势发展关联的经营项目，以获取企业的竞争优势。爱迪思（Adizes, 1989）在其《企业生命周期》[②] 一书中通过模拟生物个体，描绘了企业的成长过程和阶段性特征，将企业成长过程划分为三大阶段十个时期：成长阶段（孕育期、婴儿期、学步期、青春期）、成熟阶段（盛年期、稳定期）、老化阶段（贵族期、内耗期或官僚化早期、官僚期、死亡期）。在理论研究的基础上，随之出现了企业成长性的定量评价。Soerty（1994）[③] 总结出企业成长的 6 个重要指标：企业年龄、规模、行业（市场）部门、法律形式、地理位置和所有制形式。Erkki（2002）[④] 以芬兰 93 家中小型高技术企业为样本，设计一套中小型高技术企业的动态业绩评价体系，该评价体系包括成本、生产要素、作业、产品、收入五个内部因素和财务表现、竞争力两个外部因素。20 世纪 80 年代，又有了企业成长性定量评价的研究方法，如 Stern Stewart（1991）公司提出了经济增加值（Economic Value Added，EVA）指标等。

2. 国内研究

国内企业成长性的研究成果主要体现在针对不同类型的企业构建评价指标体系和探讨评价方法，从现有的文献看，有关物联网研究的侧重点在于：物联网企业的内涵与外延、物联网产业的统计界定及其分类、物联网

---

① 安索夫著，曹德骏，范映红，袁松阳译．企业战略．成都：西南财经大学出版社，2009：4

② 爱迪思，赵睿译．企业生命周期．北京：华夏出版社，2004：1

③ Storey D J. Understanding the Small Business Sector. London：Routledge，1994

④ Erkki. K. Laitinen. A dynamic performance measurement system evidence from small firm technology companies. Seand. J. Mgmt，2002（18）：65～99

产业组织及其区域分布、物联网产业商业模式等，特别是薛洁，赵志飞的物联网产业的统计界定及其分类的研究，为物联网的微观研究提供了理论基础。物联网概念的提出至今仅几年时间，物联网企业的发展处于创始阶段，直接涉及物联网企业成长性的研究几乎没有，此类研究主要是间接围绕高科技企业或高新技术企业的成长而展开的。周建军、王韬从研究开发能力、战略管理能力、市场营销能力、环境支持能力四个方面初步构建了高科技企业的成长性评价体系。朱和平、王韬、颜节礼采用 AHP 方法从财务潜力、人力资本能力、市场和公关能力以及技术创新能力四个方面对中小型高技术企业进行评价。张雅哲、周勇、王芳运用模糊综合评价方法从企业内部（发展状况、盈利水平、经济效率、偿债能力、创新能力）和企业外部（社会贡献）两大方面的 13 个层面对北京市 21 家电子信息领域中小型高新技术企业进行了评价。屈文彬利用突变级数法从八个财务指标角度：营业收入增长率、净资产增长率、利润保留率、净利润增长率、净资产收益率、营业利润率、股东权益比率、资本周转加速率对湖北省的 5 家企业进行研究，得出技术革新能力是企业成长的重要影响因素的结论。鲍新中、李晓非运用时序立体数据表法与突变级数法，从财务增长性、盈利能力、资金运营潜力三大方面，对高新技术企业成长性进行评价。

从上述有关企业成长、企业成长性的研究可以发现，国内外学者针对不同类型的企业在研究视角、研究内容、研究方法上取得了令人瞩目的成果，然而，针对新兴物联网企业成长的研究，成果甚少，这为本课题提供了研究空间。

（二）评价指标体系与评价方法

1. 评价指标体系

物联网企业指拥有在感知层上信息传感、射频识别（RFID）、红外感应器、全球定位系统、激光扫描器等信息传感和识别功能的产品（技术）；在网络层上实现信息通信和传输的产品（技术）；在应用层上进行信息处理和各种应用的产品（技术），拥有核心自主知识产权，并以此为基础开展经营活动，注册 1 年以上并具备实际的产品（技术）或研发或生产或技术服务能力的营利性组织。企业成长是企业实现"量的增长"和"质的提高"的动态过程，企业成长性是指企业成长所达到的程度或水平，它是企业成长的一种结果或状态，并通过一系列指标表现出来。本文参照高科技企业成长性评价指标体系，结合指标选取的完整性、适合性、规模性、可操作性和动态性等原则，遵循评价指标的三大特色：引入人力资源指标和科技创新指标，是因为大多数学者认为这二个指标是反映物联网企业成长状况的主要标志之一；选用体现物联网企业成长性基本内涵的复合指标，涉及的范围广、数量多、内容全；表明物联网企业成长的一种结果、水平或状态，设置表现规模、效益、负债和运营状况等一系列财务指标。建立如表 5.1 所示的物联网企业成长性评价指标体系。

表 5.1 物联网企业成长性评价指标体系

指标类型	指标名称	代码	指标解释
人力资源指标	全员劳动生产率	X1	工业增加值/全部从业人员平均人数
	高层次人才占比	X2	高层次人才/员工总人数 * 100%
	员工增长率	X3	（本期员工人数－上期员工人数）/上期员工人数 * 100%
科技创新指标	科研人员增长率	X4	（本期研发人员－上期研发人员）/上期研发人员 * 100%
	研发人员占比	X5	研发人员数/员工总人数 * 100%
	研发经费增长率	X6	（本期研发经费－上期研发经费）/上期研发经费 * 100%
	研发投入比	X7	研发成本/产品销售总收入 * 100%
偿债能力指标	流动比率	X8	流动资产/流动负债 * 100%
	速动比率	X9	速动资产/流动负债 * 100%
	现金流量比率	X10	现金净流量/期末流动负债 * 100%
	股东权益比率	X11	股东权益总额/资产总额 * 100%
运营能力指标	应收账款周转率	X12	主营业务收入/平均应收账款 * 100%
	存货周转率	X13	主营业务收入/平均存货 * 100%
	固定资产周转率	X14	销售收入/固定资产净值 * 100%
	总资产周转率	X15	本年总资产增长额/年初资产总额 * 100%

指标类型	指标名称	代码	指标解释
获利能力指标	资产报酬率	X16	利润总额/资产平均总额 * 100%
	销售净利率	X17	净利润/销售收入 * 100%
	每股收益	X18	净利润/平均净资产
	净利润	X19	净利润的自然对数
	主营业务利润率	X20	主营业务利润/主营业务收入 * 100%
	净利润增长率	X21	(本期净利润－上期净利润)/上期净利润 * 100%
	净资产增长率	X22	(本期净资产－上期净资产)/上期净资产 * 100%
企业规模指标	企业资产总额	X23	资产总额的自然对数
	企业员工总数	X24	员工人数的自然对数

2. 评价方法

企业成长性评价方法有很多，例如德尔菲法、层次分析法、主成分分析法、因子分析法、突变级数法、模糊综合评价法，每种评价方法各有其优点。其中，主成分分析法是利用降维的思想，通过研究评价指标体系的内在结构关系，把原来较多的评价指标用约化后较少的综合主成分指标来代替，综合指标保留了原始变量的绝大多数信息，且彼此间互不相关，能够使复杂问题简单化，克服了专家打分法、层次分析法和模糊综合评价法等其他方法主观因素影响过强的缺点，所得到的综合指标彼此相对独立，减少了信息的重合，使得评价结果更为客观，基于主成分分析法具有全面、综合、客观的特点，本文采用主成分分析法[①]。

(1) 原始数据标准化处理

因原始数据单位存在不统一的问题，为消除量纲和数量级影响，先对样本矩阵进行如下标准化变换，$X_{ij} = \dfrac{X_{ij}^* - \overline{X_j^*}}{S_j^*}$，其中 $\overline{X_j^*}$ 和 S_j^* 分别为 j 个指标的样本均值和样本标准差，得到标准化矩阵。

(2) 针对标准化矩阵，求相关系数相关矩阵 R

在标准化矩阵 X_{ij} 基础上，计算样本的相关系数矩阵 $R = (r_{ij})_{p \times k}$，则

---

① 程海峰，吕道明. 基于层次分析的企业成长性评价模型. 统计与决策，2005（9）：16~17

$$R = \frac{1}{n} \sum_{k=1}^{n} x_{ki}^{*} x_{kj}^{*} = \frac{\sum_{k=1}^{n} (x_{ki} - \overline{x_j})(x_{kj} - \overline{x_j})}{\sqrt{\sum_{k=1}^{n} (x_{ki} - \overline{x_i})^2 (x_{ki} - \overline{x_j})^2}}$$

（3）计算矩阵 R 的特征根和特征向量

计算相关系数矩阵 R 的特征方程 $|R - \lambda I| = 0$，求出所有的特征根 λ_i，以及对应的特征向量 μ_i。

（4）确定主成分的个数

根据主成分分析法选取特征根大于 1 的选取原则，或者选取累计方差贡献率大于 0.75 时的 k 个主成分。

（5）确定主成分的线性方程式

根据公式：$F = \sum_{i=1}^{i=1} \frac{\lambda_i}{\sum \lambda_i} F_i$，得出样本的综合评价模型。

（三）实证过程与结果分析

1. 样本选择和数据来源

企业成长是一个过程，企业成长性的测量需要考虑时间因素。本研究以 2008—2012 年为时域范围，选取 2013 年 6 月 1 日之前以"物联网概念股"板块上市的 60 家物联网企业为研究初始样本。其中依据以下标准进行进一步筛选，（1）2008 年之前在沪深证券交易所上市的物联网企业；（2）企业的主营业务是物联网产品、物联网服务及其相关业务，且主营业务收入超过总收入的 50%；（3）2010—2012 年期间企业经营较为稳健，未出现极端异常数据，非 ST、*ST、PT 企业，且财务数据缺失值在可接受范围内；（4）完整披露其研发投入相关数据。最后得到 36 家物联网上市公司为最终样本。

2. 实证步骤

首先，运用 SPSS17.0 作为统计分析工具，对上市物联网企业 2008—2012 年的数据进行数据检验，检验是否可采用主成分分析方法，具体结果见表 5.2。操作结果的 KMO 值为 0.745，大于 0.7，Bartlett 的球形度检验概率为 0，小于显著性水平 0.05，表明样本可进行主成分分析。

其次，运用主成分分析法进行处理，计算出各数据变量的相关系数矩阵以及旋转后相关系数的特征值、贡献率和累计贡献率，具体结果见表 5.3。

表 5.2 KMO 和 Bartlett 检验结果

取样足够度的 Kaiser—Meyer—Olkin 度量。		0.745
Bartlett 的球形度检验	近似卡方	3068.594
	df	276
	Sig.	0.000

表 5.3 相关系数的特征值、贡献率、累计贡献率

成份	初始特征值			旋转后提取因子的载荷平方和		
	特征值	方差的%	累积贡献率%	特征值	方差的%	累积贡献率%
1	5.643	23.511	23.511	4.289	17.872	17.872
2	3.769	15.703	39.214	3.539	14.746	32.618
3	2.248	9.367	48.581	2.856	11.900	44.518
4	1.758	7.323	55.904	1.717	7.154	51.672
5	1.463	6.095	61.999	1.624	6.768	58.440
6	1.255	5.228	67.227	1.573	6.553	64.993
7	1.170	4.874	72.101	1.523	6.346	71.338
8	1.059	4.413	76.514	1.242	5.175	76.514

由表 5.3 可以看出，旋转后前 8 个特征根值分别为 4.289、3.539、2.856、1.171、1.624、1.573、1.523 和 1.242，均大于 1，且累计贡献率达 76.514%，大于累积贡献率 75% 的最低要求，根据主成分提取原则，选取前 8 个主成分完全可以代表 24 个指标所体现的信息量，表明这 8 个主成分完全可以反映我国上市物联网企业成长性的综合水平，因此选取 8 个主成分为 F_1、F_2、F_3、F_4、F_5、F_6、F_7 和 F_8。

第三，利用 SPSS17.0 得出因子载荷矩阵，见表 5.4。

表 5.4　因子载荷矩阵

主成分	指标	成　份							
		1	2	3	4	5	6	7	8
F1	X1	.852	−.148	−.043	.140	.039	−.105	.065	.061
	X12	.906	.038	−.008	−.039	.005	.011	−.125	.025
	X13	.875	−.045	−.245	.022	.003	.010	−.124	.001
	X14	.807	−.015	−.108	−.041	.163	−.056	.283	.058
	X15	.961	−.073	−.147	.012	.061	.015	.016	.011
F2	X16	.029	.932	.204	.117	.024	.136	.063	.003
	X17	−.196	.873	.210	.213	−.001	−.035	.017	.045
	X18	.075	.897	.022	.079	.116	−.013	.000	.002
	X19	−.213	.856	.268	.189	.031	−.027	.057	.085
F3	X8	−.110	.153	.933	−.059	−.017	.070	.067	−.024
	X9	−.059	.195	.895	−.034	−.017	−.019	.021	−.035
	X10	.047	.119	.704	.138	−.365	−.014	.025	.079
	X11	−.306	.289	.743	−.099	−.135	.117	−.023	.012
F4	X20	.106	.172	−.064	.761	.100	.134	.048	.091
	X21	.045	.319	−.156	.587	−.156	−.019	.042	−.225
	X22	−.069	.120	.005	.735	.304	−.038	−.043	.146
F5	X3	−.023	.114	−.078	.120	.787	.052	.059	.029
	X4	.187	.013	.020	.091	.709	−.041	.024	−.061
F6	X23	.078	−.041	−.185	−.064	−.053	−.822	.018	−.069
	X24	−.005	−.008	−.068	.019	−.048	.839	.051	−.086
F7	X2	.054	.006	.058	.169	−.070	−.135	.849	−.118
	X5	.000	.136	.071	−.190	.217	.310	.745	.195
F8	X6	.258	−.023	−.214	−.014	.330	−.016	−.089	.597
	X7	−.264	.017	.494	−.048	.105	.001	.312	.470

由表 5.4 可以看出，F_1 体现在 X1、X12、X13、X14 和 X15 等 5 个指标上，是我国上市物联网企业生产运营能力影响因子。

F_2 体现在 X16、X17、X18 和 X19 等 4 个指标上，反映在市场竞争中企业利用资产获取利润的能力，是上市物联网企业获利能力影响因子。

F_3 体现在 X8、X9、X10 和 X11 等 4 个指标上，反映企业对自身风险的控制管理能力，是上市物联网企业风险控制影响因子。

F_4体现在 X20、X21、X22 等 3 个指标上，是上市物联网企业扩张能力影响因子。

F_5体现在 X3、X4 等 2 个指标上，是上市物联网企业人力资本影响因子。

F_6体现在 X23、X24 等 2 个指标上，是上市物联网企业规模能力影响因子。

F_7体现在 X2、X5 等 2 个指标上，是上市物联网企业人才素质影响因子。

F_8体现在 X6、X7 等 2 个指标上，是上市物联网企业科技创新能力影响因子。

3. 结果分析

在上文演算基础上，采用回归算法得出因子得分系数矩阵，由因子得分系数和原始变量的标准化值得到综合评价模型：F＝0.234F1＋0.193F2＋0.155F3＋0.093F4＋0.088F5＋0.086F6＋0.083F7＋0.068F8，依据此模型计算出 2008－2012 年我国上市物联网企业成长性综合得分，见表5.5。

表 5.5　2008－2012 年我国上市物联网企业成长性综合得分

企业名称	所属行业	所属地市	2008	2009	2010	2011	2012	五年平均得分
东方电子	电气设备	烟台市	0.115	−0.217	−0.208	−0.171	−0.206	−0.137
厦门信达	信息服务	厦门市	0.696	1.373	1.097	1.145	1.2	1.102
华东科技	电子	南京市	−0.71	−0.416	−0.695	−0.516	−0.803	−0.628
振华科技	电子	贵阳市	−0.404	−0.425	−0.398	−0.339	−0.444	−0.402
高鸿股份	信息设备	北京市	−0.222	0.258	−0.071	0.176	0.239	0.076
华工科技	电子	武汉市	−0.355	−0.139	−0.135	−0.188	−0.424	−0.248
新大陆	信息设备	福州市	−0.063	−0.005	−0.199	−0.094	−0.099	−0.092
大族激光	电子	深圳市	−0.19	−0.463	0.013	−0.14	−0.114	−0.179
东信和平	信息设备	珠海市	−0.06	−0.111	−0.22	−0.264	−0.309	−0.193
思源电气	机械设备	上海市	0.188	0.718	0.211	−0.209	0.074	0.196
同方国芯	电子	唐山市	−0.183	−0.116	−0.019	−0.055	0.221	−0.03

企业名称	所属行业	所属地市	2008	2009	2010	2011	2012	五年平均得分
得润电子	电子	深州市	−0.363	−0.465	−0.126	−0.14	−0.403	−0.299
威尔泰	机械设备	上海市	−0.134	−0.303	−0.041	−0.005	−0.189	−0.134
软控股份	信息服务	青岛市	0.115	0.154	−0.101	0.003	−0.369	−0.04
恒宝股份	信息设备	镇江市	0.458	0.94	0.723	0.546	0.471	0.628
三维通信	信息设备	杭州市	0.256	0.549	0.209	0.165	0.138	0.263
科陆电子	机械设备	深圳市	0.084	0.015	0.258	−0.287	−0.399	−0.066
沃尔核材	电子	深州市	−0.275	−0.163	−0.101	−0.138	−0.289	−0.193
顺络电子	电子	深州市	−0.052	−0.042	0.046	−0.12	−0.086	−0.051
北斗星通	信息设备	北京市	0.521	0.326	0.414	0.127	−0.333	0.211
石基信息	信息服务	北京市	0.764	0.46	0.714	0.723	0.775	0.687
远望谷	电子	深州市	0.269	0.114	0.291	1.032	0.371	0.415
智光电气	机械设备	广州市	−0.207	−0.234	−0.265	−0.369	−0.618	−0.339
武汉凡谷	信息设备	武汉市	0.291	0.212	0.037	0.15	−0.025	0.133
同方股份	信息设备	北京市	−0.387	−0.012	−0.288	0.097	−0.395	−0.197
上海贝岭	电子	上海市	−0.117	−0.411	0.046	−0.008	−0.06	−0.11
大唐电信	信息设备	北京市	−0.392	−0.384	−0.213	−0.234	0.057	−0.233
航天信息	信息服务	北京市	0.516	0.537	0.757	0.922	0.811	0.709
华胜天成	信息服务	北京市	0.408	0.445	0.188	0.28	0.004	0.265
双良节能	机械设备	江阴市	0.015	0.016	−0.128	−0.26	−0.175	−0.106
中创信测	信息设备	北京市	0.22	−0.21	0.016	−0.03	−0.356	−0.072
长园集团	机械设备	深州市	−0.246	−0.112	0.169	0.186	−0.275	−0.056
长电科技	电子	江阴市	−0.454	−0.505	−0.061	−0.327	−0.248	−0.319
方正科技	信息设备	上海市	−0.215	−0.132	−0.173	−0.367	−0.372	−0.252
综艺股份	信息服务	南通市	−0.418	−0.296	0.379	−0.036	−0.505	−0.175
浙大网新	信息服务	杭州市	−0.154	−0.19	0.018	−0.068	−0.278	−0.134
平均值	—	—	−0.02	0.02	0.06	0.03	−0.09	0

（1）静态分析

根据表5.5的五年平均得分大于零或小于零的数据特点，将上市物联网企业的成长特征划分为五种类型：优秀成长、良好成长、一般成长、较差成长和差成长。不同成长类型及其企业名称参见表5.6。

表 5.6　我国上市物联网企业不同成长类型及其企业名称

成长类型	得分区间	区间排名	企业数量	企业名称
优秀	[0.8－1.2]	1	1	厦门信达
良好	[0.4－0.8]	2～5	4	航天信息、石基信息、恒宝股份、远望谷
一般	[0－0.4]	6～11	6	华胜天成、三维通信、北斗星通、思源电气、高鸿股份、武汉凡谷
较差	[－0.4－0]	12～35	24	同方国芯、软控股份、顺络电子、长园集团、科陆电子、中创信测、新大陆、双良节能、上海贝岭、威尔泰、浙大网新、东方电子、综艺股份、大族激光、东信和平、沃尔核材、同方股份、大唐电信、华工科技、方正科技、得润电子、长电科技、智光电气、振华科技
差	[－0.8－－0.4]	36	1	华东科技

（2）动态成长

根据表 5.5 的五年平均得分，继续绘出我国上市物联网企业五年期间成长变化趋势图，如图 5.3 所示。

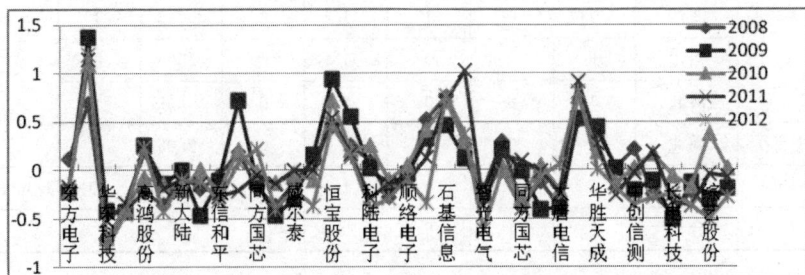

图 5.3　2008－2012 年上市物联网企业成长变化趋势图

根据图 5.3，我国物联网企业五年成长期间，2010 年整体得分较高，2010 年我国物联网企业出现跳跃式发展，是因为：一方面国家加大对物联网产业发展的政策鼓励与资金支持，物联网企业发展的宏观环境趋好；另一方面，为应对 2008 年全球金融危机，企业积极在人员、物质、组织、研发等方面加大投入，调整方向，适应新市场，促进了 2010 年物联网企业的快速成长。

（四）类型分布

1. 类型的区域分布

根据五年平均得分与成长类型划分，本研究涉及的上市物联网企业主要分布于北京、上海、广东、山东、江苏、浙江、福建、河北、湖北、贵州等不同区域的十个省市，上市物联网企业成长性类型具体的区域及省市分布，如表 5.7 所示。

表 5.7　我国上市物联网企业成长性类型区域及省市分布

区域	类型	优秀	良好	一般	较差	差	均值	排名	各区域均值
东部	北京	0	2	4	3	0	0.181	1	0.016
	上海	0	0	1	3	0	−0.075	7	
	广东	0	1	0	8	0	−0.107	8	
	山东	0	0	0	1	0	−0.04	5	
	江苏	0	1	1	4	1	−0.123	9	
	浙江	0	0	1	1	0	0.065	3	
	福建	1	0	0	1	0	0.505	2	
	河北	0	0	0	1	0	−0.03	4	
中部	湖北	0	0	1	1	0	−0.058	6	−0.058
西部	贵州	0	0	0	1	0	−0.402	10	−0.402
—	合计	1	4	6	24	1	0	—	—

表 5.7 说明，第一，从三大区域的得分均值看，东部地区物联网企业的成长性明显高于中部和西部地区，中部和西部地区上市物联网企业得分均值均为负数；从三大区域上市物联网企业的数量分布看，差别更为明显，东部地区企业达 33 家，中部地区企业仅为 2 家，而西部地区企业仅有 1 家。东部地区物联网企业的发展具有明显优势，这与地区政策支持、经济发展水平、科技创新环境、人才支撑条件、资源配置能力等物联网企业的发展因素息息相关。

第二，作为首都城市，北京市物联网企业的成长性明显领先，位居第一。福建省位居第二，厦门信达拉动整个省份的排名名次。

第三，中西部地区物联网企业的成长性不容乐观，仅有 4 家物联网上市公司，其成长性属于一般或较差，说明中西部地区物联网企业成长的内外因素与东部地区存在明显差距。

2. 类型的行业分布

根据上市物联网企业所属行业，并结合五年平均得分和静态分析，得出上市物联网企业成长性类型的行业分布，具体参见表5.8。

表 5.8　我国上市物联网企业成长性类型的行业分布

行业 ＼ 数量	合计	优秀	比例	良好	比例	一般	比例	较差	比例	差	比例	均值	排名
仪器仪表制造业	7	0	0	0	0	1	14.3	6	85.7	0	0	−0.092	3
通信设备、计算机制造业	11	0	0	1	2	4	50	6	33.3	0	0	0.025	2
电子设备制造业	11	0	0	1	9.1	0	0	9	81.8	1	9.1	−0.186	4
信息传输、计算机服务和软件业	7	1	14	2	29	1	14	3	43	0	0	0.345	1
合计	36	1	2.8	4	11.1	6	16.7	24	66.7	1	2.8	0	—

由表5.8四大细分行业的均值与排名可知，信息传输、计算机服务和软件业的企业成长性最好，其次依次为通信设备和计算机制造业、仪器仪表制造业和电子设备制造业。电子设备制造业的行业优越性不明显。

3. 类型的生命周期分布

企业生命周期理论认为，企业的不同年龄、不同经营期限，在不同形式下影响着企业成长的速度和水平。学术界研究发现，企业年龄与企业成长具有相关性，但在成长相关性是正相关还是负相关问题上，并未得出一致结论。本文根据样本上市物联网企业的上市时间，计算其上市年龄，并按照成长期限将其分为四种生命周期，具体参见表5.9。

表 5.9　我国上市物联网企业成长性类型的生命周期分布

企业年龄	样本数	企业名称	均值	排名
5 以下	10	恒宝股份、三维通信、科陆电子、沃尔核材、顺络电子、北斗星通、石基信息、远望谷、智光电气、武汉凡谷	0.169	1

企业年龄	样本数	企业名称	均值	排名
5—10	13	大族激光、东信和平、思源电气、同方国芯、得润电子、威尔泰、软控股份、航天信息、华胜天成、双良节能、中创信测、长园集团、长电科技	−0.02	2
10—15	11	东方电子、厦门信达、华东科技、振华科技、高鸿股份、华工科技、新大陆、同方股份、上海贝岭、大唐电信、浙大网新	−0.091	3
15以上	2	方正科技、综艺股份	−0.214	4

表 5.9 说明，从样本企业不同年龄段的数量分布看，主要分布于 5—15 年龄段，分布布局基本符合企业生命周期的正态分布；从样本企业不同年龄段的均值得分看，成长期五年以下的企业得分高于其他年龄段企业，且样本企业随着成长年龄的增长，其成长性呈现递减趋势，企业的成长年龄与企业成长性呈负相关关系。年龄大的企业成长较早，早期的企业管理结构较为老化，缺乏一定的成长动力，与其相比，年龄小的企业成立时间晚，组织相对年轻化，这会给企业带来一定的活力和创造力，从而促进企业更好更快地成长。总之，上市物联网企业的成长性处于企业生命周期的初期阶段，总体发展平稳，前景较好。不同区域及区域内部各省市企业间具有差异性，东部地区明显优于中、西部地区。信息传输、计算机服务和软件业以及上市时间较晚的物联网企业具有较高的成长性。

（五）结论

物联网企业成长性主要表现在人力资源、科技创新、偿债能力、运营能力、获利能力、和企业规模六个层面共 24 项指标上，通过对这些指标的主成分分析，得出（1）从综合得分角度看，物联网企业的成长划分为成长优秀型、成长良好型、成长一般型、成长较差型和成长差型等五种成长类型，多数物联网企业属于成长较差类型，这与影响物联网企业成长的外部国家政策法规、经济技术水平、产业环境、市场环境以及内部的人力资源、管理水平、科技创新能力、企业文化等因素有关。（2）从成长分布的区域角度看，不同地区物联网企业的成长性存在较大差异，东部地区物联网企业成长性较好，中部和西部地区相近且较弱，物联网企业逐步形成聚集区。不同区域内部各省份以及省份内部不同企业间也存在较大差异。
（3）从行业细分的角度看，信息传输、计算机服务和软件业的成长性为最优，其次为信息设备和计算机制造业，再次为仪器仪表制造业，最后为电子设备制造业。（4）从企业生命周期的角度看，物联网企业的成长年龄与企业成长性呈负相关关系，年龄越大成长性反而较差。这与组织的现代化、全球化、年轻化、活力化以及创新驱动力有关。

三、物联网产业组织市场绩效的指标构成及其分析——以长三角区域为例

（一）市场绩效的指标构成与分析

1. 经济绩效

受产业组织驱动力、市场结构和市场行为的共同影响，2008 年至 2012 年，长三角区域电子及通信设备制造业规模以上企业总产值由 14747.55 亿元增长到 27782.79 亿元，五年之内增长了 1.88 倍；主营业收入由 18776.91 亿元增长到 27697.93 亿元，五年之内增长了 1.48 倍；利润总额由 775.77 亿元增长到 1268.26 亿元，增长了 1.63 倍。具体见图 5.4 和表 5.10。电子及通信设备制造业规模以上企业总产值、主营业收入和利润总额的增长速度均高于全国平均水平，显示了长三角区域的物联网产业组织良好的经济绩效。

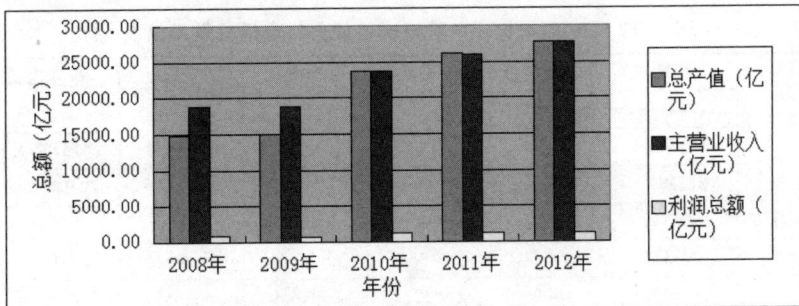

图 5.4　长三角电子及通信设备制造业规模以上企业的产值、收入和利润概况

[数据来源：根据国家统计局、上海市统计局、江苏省统计局、浙江省统计局等整理所得]

表 5.10　长三角电子及通信设备制造业规模以上企业的产值、收入和利润概况

	2008 年	2009 年	2010 年	2011 年	2012 年
总产值（亿元）	14747.55	15009.92	23734.48	26224.53	27782.79
主营业收入（亿元）	18776.91	18847.56	23717.47	26066.34	27697.93
利润总额（亿元）	775.77	684.00	1161.98	1224.70	1268.26

［数据来源：根据国家统计局、上海市统计局、江苏省统计局、浙江省统计局等整理所得］

　　在信息传输服务业方面，2012 年长三角区域电信业务总量达 2176.4 亿元，电信业务收入达 2058.9 亿元，分别占全国的 16.76％和 19.13％。在电信能力建设和电话普及率方面，2012 年长三角区域光缆线路长度达 285.5627 万公里，占全国的 19.29％；互联网宽带接入端口达 4502 万个，占全国的 16.78％；局用交换机达 10822.3 万门，占全国的 24.65％；移动电话交换机容量达 23016.9 万户，占全国的 12.59％；固定电话普及率和移动电话普及率均超过全国平均水平，位居全国前列。具体见表 5.11 和表 5.12。

表 5.11　2012 年长三角区域电信业务总量、收入情况

	电信业务总量（亿元）	电信业务收入（亿元）
上海	452.4	512.8
江苏	914.8	821.5
浙江	809.2	724.6
合计	2176.4	2058.9
全国	12984.6	10762.9
结构比例	16.76％	19.13％

［数据来源：根据国家和地方统计局数据整理所得］

表 5.12　2012 年长三角区域电信能力、电话普及率情况

	光缆	互联网宽带	局用交换机	移动电话	固定电话	移动电话
	线路长度	接入端口	容量	交换机容量	普及率	普及率
	（公里）	（万个）	（万门）	（万户）	（部/百人）	（部/百人）
上海	281142	650.7	3192.1	3973	38.5	128.3
江苏	1565303	2173.9	4853.8	9358.7	30.2	94.6
浙江	1009182	1677.4	2776.4	9685.2	34.5	118
合计	2855627	4502	10822.3	23016.9	—	—
全国	14805707	26835.5	43906.4	182869.8	20.7	82.6
结构比例	19.29％	16.78％	24.65％	12.59％	—	—

［数据来源：根据国家和地方统计局数据整理所得］

在软件和信息技术服务方面，经济效益尤为突出，连续多年实现了快速增长，并占据全国重要份额。2012 年长三角区域软件业务收入达 78031268 万元，占全国的 31.18%，是 2008 年的 3.56 倍；软件产品收入达 22463242 万元，占全国的 27.76%，是 2008 年的 3.84 倍；信息系统集成服务收入达 13538163 万元，占全国的 25.88%，是 2008 年的 3.23 倍；信息技术咨询服务、数据处理和运营服务增长迅速，收入分别达 5926231 万元和 13206171 万元，分别占全国的 22.50% 和 30.82%；嵌入式系统软件收入达 28494694 万元，占全国的 45.84%；IC 设计收入达 4682687 万元，占全国的 57.92%。具体见表 5.13。

表 5.13　2008－2012 年长三角区域软件产业主要经济指标

	2008 年	2009 年	2010 年	2011 年	2012 年
软件业务收入（万元）	21937793	17811574	38684734	54460911	78031268
软件产品收入（万元）	5845340	7700196	10933539	15113791	22463242
信息系统集成服务收入（万元）	4196605	4757601	7958772	10238289	13538163
信息技术咨询收入（万元）	—	—	2474726	4591622	5926231
数据处理和运营收入（万元）	—	—	6351838	9161564	13206171
嵌入式系统软件收入（万元）	6888356	7918217	8857489	11658038	28494694
IC 设计收入（万元）	1277115	1274861	2908370	3697607	4682687

［数据来源：工信部运行监测协调局］

2. 技术绩效

从技术专利成果看，根据中国 CNIPR 数据库统计分析，以传感、射频识别、微机电系统等为关键词，时间段为 2008 年至 2012 年，共检索到长三角区域物联网相关技术发明专利、实用新型、外观设计等专利 22643 件，其中上海 6814 件，江苏 9767 件，浙江 6062 件，但在某些核心技术领域还存在研发不足等问题，具体见表 5.14。

表 5.14　长三角区域物联网核心技术专利概况

		感知									传输								网络		
		传感	射频识别	微机电系统	节点	标签	读写器	中间件	二维码	定位技术	分布式自组网	极微网	超宽带	无线	蓝牙	紫蜂	无线局域网	近距离无线通信	物联网	无线传感器网络	拓扑组网
上海	发明专利	1331	108	10	214	296	29	21	30	8	0	0	42	1357	87	3	40	1	87	101	0
	实用新型	954	83	1	126	331	30	1	19	6	0	0	9	874	82	4	14	0	93	17	0
	外观设计	67	5	0	2	215	4	0	3	0	0	0	0	94	15	0	0	0	0	0	0
江苏	发明专利	2126	61	22	332	219	13	20	31	9	1	0	60	1576	76	1	37	1	257	261	0
	实用新型	1663	42	7	187	244	11	4	22	0	0	0	36	1283	91	4	7	0	173	77	0
	外观设计	257	0	0	7	388	4	0	0	0	0	0	2	133	16	0	0	0	6	0	0
浙江	发明专利	960	29	0	177	113	2	5	5	3	0	0	11	766	21	0	35	0	49	125	1
	实用新型	1502	39	0	170	266	9	0	8	2	0	0	25	935	90	1	5	1	113	38	0
	外观设计	183	1	0	4	111	18	0	0	0	0	0	0	190	34	0	0	0	14	1	0
合计	专利	9043	368	40	1219	2183	120	51	118	28	1	0	185	7208	512	13	138	3	792	620	1

［数据来源：CNIPR 数据库］

以杭州为例，2012 年聚光科技"重金属污染综合防治成套监测技术装备产业化示范项目"采用国内首创的"大气/烟气重金属在线分析"和国际领先的"新型顺序注射分析"等具有企业自主知识产权的关键技术。浙大网新自主研发了用于高速列车传感控制网专用芯片、小型化低功耗智能列车车载感知网络网元设备、工业用智能阵列传感器，获得 13 项自主知识产权；东方通信通过自主创新研制出国内首套具备自主知识产权的 TETRA 数字集群通信系统，具有高可靠性、高安全性、高性价比、易用性强等优势；利尔达科技加大了对传感网技术的研发力度，目前有 300 多家国内知名大企业已成功运用了公司的传感网技术方案；士兰微电子和中瑞思创联合开发多维智能传感器芯片的集成设计、制造与封装技术；维尔科技研发的二代居民身份证指纹采集器通过公安部的技术检测，成为首批合格入围产品。

长三角区域传感器技术、二维码技术、无线传感器网络技术等物联网核心技术虽然有所突破，但是受市场结构和物联网应用程度不足的影响，物联网企业存在着创新机制落后、自主研发能力薄弱、技术创新尚无明确主导设计、与生产消费脱节等问题，与国外一流物联网企业相比，长三角区域还有待加强。

3. 社会绩效

物联网技术的应用必将渗透到工业、农业、服务业等经济活动的各个方面，促进智能电网、智能交通、智能物流、智能家居等建设，虽然这些项目还处于应用试点阶段，大规模的社会化应用还相对较少，物联网产品还没有实现产业化，成本相对较高，企业、家庭和个人需求不足，社会绩效还没有充分体现出来，但是物联网应用的十大领域已初步呈现，见表5.15。在智慧城市建设方面，2012 年长三角区域共有 15 个城市入围第一批国家智慧城市名单，见表 5.16。

表 5.15　物联网应用的十大领域分类

应用分类	主要应用
智能电网	电力设施监测、配网自动化、智能变电站、智能调度、智能用电、远程抄表等。

应用分类	主要应用
智能交通	交通诱导与智能化管控、交通状态感知与交换、车辆定位与调度、车路协同控制、车辆远程监测与服务等。
智能物流	建设库存监控、安全追溯、配送管理等现代流通应用系统，建设跨部门、行业、区域的物流公共服务平台等。
智能家居	家庭网络、家电智能控制、家庭安防、能源智能计量、节能低碳等。
环境与安全监测	污染源监控、水质监测、生态监测、空气监测等。社会治安监控、危化品运输监控、重要建筑、桥梁、轨道交通等基础设施安全监测。
工业与自动化控制	生产过程控制、生产环境监测、制造供应链跟踪、产品全生命周期监测等。
医疗健康	药品流通和医院管理，以人体生理和医学参数采集及分析为切入点面向家庭和社区开展远程医疗服务。
精细农牧业	农业资源利用、农业生产精细化管理、生产养殖环境监控、农产品质量安全管理与产品溯源等。
金融与服务业	手机远程及移动支付、智慧餐厅系统、智慧旅游服务中心等。
军事国防	将各种军事要素联系起来，精确感知战争态势，打赢信息化战争。

表 5.16　长三角区域第一批国家智慧城市名单

上海	上海市浦东新区
江苏	无锡市、常州市、镇江市、泰州市、南京河西城区、苏州工业园区、盐城市城南新区、昆山市花桥经济技术开发区、昆山市张浦镇
浙江	温州市、金华市、诸暨市、杭州市上城区、宁波市镇海区

［资料来源：根据住建部公布的《首批国家智慧城市试点名单》整理所得］

同时，物联网产业的发展还将为社会提供大量的就业机会。一方面，物联网产业与传统的生产部门相结合，促进生产效率的提高，可以释放出大量的劳动力；另一方面，物联网新的环境下又会产生更多新的劳动力需求，吸纳更多的劳动力就业。而且，物联网通过资源的整合及配置的优化，改善了人们的生活环境，丰富了人们的想象空间及思维方式，进而推动社会的整体进步。

4. 环境绩效

物联网可以通过对物质世界的感知和智能监管，发挥低能耗、节约资源和提高效率的作用，为生态环境保护和改善作出重要贡献。物联网产业的环境绩效具有外部性、持续性，而且难以用货币形式确切计量，往往间接地体现与生产、投资、销售等各个环节。物联网通过信息数字化、控制远程化、管理智能化等形式推动低碳经济的发展，极大地丰富了人们观察世界的方式和手段，节省了人力劳动和设备投入，提高效率，同时也大大降低了获取信息和传递信息的能耗，避免大量资源的无用耗费，从而提高生态绩效。

目前长三角区域物联网技术在环境保护方面的应用还处于试点阶段。以无锡市环太湖水文监控为例，通过安装在环太湖区域各个监控点的环保和监控传感器，可将太湖的水文、水质等环境状态信息提供给环保部门，实时监控太湖流域水质等情况，减少了企业污染源的排放，有利提高环太湖区域的环境绩效。

（二）分析结果

1. 经济绩效

在电子及通信设备制造业方面，规模以上企业总产值、主营业收入和利润总额的增长速度均高于全国平均水平；在信息传输服务业方面，2012年长三角区域电信业务总量达 2176.4 亿元；在电信能力建设和电话普及率方面，均位居全国前列；在软件和信息技术服务方面，软件业务收入、软件产品收入、信息系统集成服务收入、信息技术咨询服务、数据处理和运营服务收入、嵌入式系统软件收入、IC 设计收入等方面都实现了快速增长，并占据全国重要市场份额。由于产业化程度低，部分企业利润较低，存在经营困难。

2. 技术绩效

长三角区域传感器技术、二维码技术、无线传感器网络技术等绩效明显，相关技术专利达 10621 件，但某些核心技术研发不足。

3. 社会绩效

智慧物流体系、智慧制造体系、智慧交通体系、智慧健康保障体系等还处于应用示范阶段，企业、家庭和个人应用不足；长三角区域有 15 个城市入围第一批国家智慧城市名单；创造大量的就业机会；优化资源配置等。

4. 环境绩效

环境绩效具有外部性、持续性，而且难以用货币形式确切计量，往往间接地体现在生产、投资、销售等各个环节。目前长三角区域物联网技术在生态保护方面的应用还处于试点阶段，环境绩效还不明显。

四、提升物联网产业组织市场绩效的对策建议

（一）打造物联网企业的内在竞争优势

优化物力、人力等资源的配置与开发。人、财、物是企业成长需要的重要基础资源，人才的开发和培养、财物资源的配置都是企业的重要课题。一方面，人才是物联网企业内部知识创造的中流砥柱，加强员工知识创新，实现员工素质提升；采取多种激励机制，提高员工的积极性和创造性，为员工创造一个高效的、轻松的工作氛围。另一方面，优化资源配置，有效开发和利用企业资本，特别是信息资源的开发和利用，建立高效的信息系统，实现企业信息的快速传递与共享，保障企业在竞争中的快速反应。

完善物联网企业内部治理结构。组织结构和内部治理是企业高效运作的重要前提，物联网作为 21 世纪的高新技术产业，为利于物联网产品的研发与相关业务，物联网企业有必要设置物联网研发、应用、推广等与物联网技术、产品、市场相关的专业部门。实现企业治理战略的前瞻性。

提升物联网企业科技创新实力。物联网企业竞争的本质始终是物联网技术之间的竞争，谁先拥有先进、高端而独特的物联网技术，谁就优先获取了市场。依托物联网产业知识联盟，构建"产、学、研"相结合的技术平台，整合多方优势资源，攻克物联网核心关键技术，形成具有自主知识产权的物联网产品系列。

(二) 培养物联网企业的外在成长环境

发挥政府的推动作用。随着"物联网"概念的产生以及国家和各省市物联网发展规划的提出，政府部门已逐步为物联网企业提供了良好的政治环境和政策环境。积极引导企业间通过联合并购、品牌经营、虚拟经营等方式形成大型的物联网企业或企业联合体，提高企业集中度；重点培养一批影响力大、带头性强的大企业，促使"强者带动弱者，实现企业间共同发展"；营造良好的发展环境，采用多种灵活发展模式，做好"专、精、新"等中小企业的孵化和扶持工作。企业成长离不开外部环境，政府是推动物联网企业成长的重要因素。

建立多元化的融资渠道。多数物联网企业处于成长初期，适合知识技术密集型与资本密集型相结合的企业发展模式，多元化、多层次、多渠道的资本融资渠道是首选。财政部门加大财政支持力度，增加物联网发展专项资金规模，加大产业化专项资金在物联网企业的投入比重；引导和鼓励创业投资、风险投资机构、民资、外资等投资物联网企业；协助企业与金融机构建立沟通协调机制，搭建良好的银企对接合作平台；提供优惠、宽松的财政政策和金融环境。

健全市场制度，改善经济环境。市场是企业成长的立足之基，健全的市场制度有利于培养企业的竞合意识，推动企业的健康成长。建立长效的市场机制，为企业成长提供健全、开放的市场环境。发展物联网核心产业，重点发展与物联网产业链紧密关联的硬件、软件、系统集成等核心领域；逐步发展高端计算机及服务器、通信网络与设备、高端软件等物联网相关支撑产业；积极引导物联网关联产业，促进智能化发展，提升智能应用水平；推动联盟式发展，强化紧密相关的制造业、通信业与应用服务业等上下游企业的发展链条，逐步形成产业链上下游联动、协调可持续的具有中国特色的物联网产业组织发展格局。

第6章 研究结论与启示

一、研究结论

(一) 强劲的驱动力是我国物联网产业组织快速发展的根本原因

物联网产业充满着科技与经济元素,是未来全球经济的重要增长点。在发展初期,市场机制不健全,企业效率较低,市场结构无法决定企业的全部行为,然而通过政府资金支持、完善政策环境等措施提供产业组织发展的动力,构建合理的市场结构,引导企业市场行为,改善企业市场绩效。凭借着雄厚的经济基础、技术优势和政策支持等驱动力因素,我国物联网产业组织在企业数量与规模、产业效益等方面逐渐发展。

(二) 物联网产业组织特征呈现多样性

在物联网产业组织发展驱动力方面,一是表现出企业资源丰富、产业链资本发达、政策规划密集、市场环境较好等优势,二是存在核心技术人才缺乏、科研基础资源分散、产业规划同质化等问题;在市场结构方面,长三角区域集中了较多数量和较大规模的物联网企业,但是除网络运营商外,市场缺乏龙头骨干企业,市场集中度低,进入和退出壁垒不完善,产品差异化程度不明显等;在市场行为方面,一是感知层、传输层和应用层形成了相应的运营机制,物联网企业通过多种方式进行技术创新,组织结构不断调整，更多采取差异化定价行为等特征，二是生产和应用存在"脱节"现象、产业联盟松散、中低端市场产品存在恶性价格竞争行为；在市场绩效方面，长三角区域物联网产业显现出良好的市场效益，但仍存在企业利润率偏低、市场应用不足等问题。

（三）产业组织和市场绩效之间关系复杂

从短期看，就整体而言，产业组织驱动力是市场结构的主要决定因素，市场结构从根本上制约市场行为，市场行为又直接决定了市场绩效，逻辑关系是单向的、静态的；就具体环节而言，存在市场绩效影响产业组织驱动力、市场结构决定市场绩效等因果关系。从长期看，产业组织驱动力、市场结构、市场行为和市场绩效是动态变化的，就整体而言，"产业组织驱动力－市场结构－市场行为－市场绩效"表现出较为长期的循环关系；就具体环节而言，任何二者或多者之间存在着较为复杂的结构关系，不能简单地将其视为直接的相互因果关系，还要考虑到其他因素的作用和影响。

（四）优化物联网产业组织是一项系统工程

针对我国物联网产业组织中存在的问题，需要坚持政府引导和政策扶持原则、产学研相结合原则、市场导向原则、持续创新原则、协调发展原则。从强化产业组织驱动力、完善产业市场结构、引导企业市场行为、改善企业市场绩效等方面提出具体建议：丰富物联网资源，增强产业组织动力；突出政策扶持，优化发展环境；适时调整产业组织，提高市场集中度；优化产业链合作，培育龙头骨干企业；加大研发投入，加快技术创新；开拓物联网市场，促进普及应用；建立统筹协调机制，树立区域联动意识；加强宣传推广，搭建交流合作平台。

总之，物联网产业组织是一个动态、开放的生态系统，优化长三角区域乃至全国物联网产业组织，不仅受到物联网产业组织内部技术创新、人才资源、企业文化等特征的影响，而且受到整个社会经济环境以及社会文化因素的制约，而这一过程又会直接影响着物联网产业组织的竞争能力、盈利情况等市场绩效。纵观物联网产业组织的未来发展历程，物联网产业组织将表现出以下几个方面的发展趋势：由分散化向一体化趋势转变；由职能化向过程化趋势转变；由垂直化向扁平化趋势转变，由刚性化向柔性化趋势转变，由实体化向虚拟化趋势转变，由单体化向网络化趋势转变。

（五）研究的理论、管理与实践价值

理论价值。物联网是继计算机、互联网和移动网之后的又一次信息产业浪潮，每一次的信息产业浪潮都会引起生产方式、管理方式和消费方式的大变革。目前国内外关于物联网产业组织这一课题的专题研究还比较少，本研究在理论分析和实践调研的基础上，梳理我国物联网产业组织发展的基础条件，对传统产业组织理论的核心"SCP"范式进行修正，构建适合物联网产业组织研究的"M－SCP"范式，以长三角区域为例，分析物联网产业组织的现状，并就物联网产业组织与市场绩效之间的一般关系进行深入探讨，提出我国物联网产业组织发展布局与路径的新理念，构建我国物联网产业组织发展的支撑体系，探索物联网时代的新挑战与新变革，为我国新一轮信息经济建设提供借鉴。

管理价值。物联网产业组织的发展本质上是物联网系统的管理。中央政府负责制定全国性的物联网政策，下达全国性的物联网计划，指导国民经济发展所需的物联网任务的完成；地方政府或行业协会负责制定地方性的物联网政策和法规，执行中央政府下达的物联网任务，有权向中央提出物联网产业组织发展的合理化建议；专业化物联网企业，其组织管理都是以服务市场和提高效率为出发点，以用户满意为长远目标，注重各层次信息流通的有效整合，最终追求经济效益和社会效益。总之，完善物联网产业组织最根本原则是保证物联网产业组织运行的可行性和高效性。

实践价值。研究结论表明，强大的产业组织驱动力和合理的市场结构有助于实现技术创新、组织结构调整、有效竞争等市场行为，最终表现出良好的市场绩效。长三角区域物联网产业组织的快速发展对于环渤海、珠三角、中西部区域等有重要的借鉴作用。首先，学习长三角区域物联网产业组织相对成功的经验。重视政府政策的扶持和引导、技术创新和研发、物联网人才引进和培育、物联网应用和推广等举措。其次，重视长三角区域物联网产业组织发展中存在的问题，从中汲取教训。树立区域联动意识、加强产业链融合、培育龙头骨干企业、构筑合理的企业进入和退出壁垒等。最后，结合各个区域的自身特点，既要全面协调发展物联网产业，更要突出重点，发挥特色优势。

二、研究启示

（一）物联网产业组织的优化原则与对策

1. 优化原则

政府引导扶持原则

从全球范围看，物联网产业还处于初级发展阶段。首次，长三角区域物联网产业在中央和地方政府的统一领导下，做好顶层设计，构建合理的发展规划，统筹布局，将产业链做大做强，打造世界级的物联网中心，避免产业结构趋同和资源浪费现象。其次，政府通过提供专项资金、税收优惠政策、人才激励机制、知识产权保护等措施为物联网企业提供支持。第三，建立完善的法律法规体系，营造良好的法制环境，明确物联网产业监管部门职责。

市场主导原则

市场需求是物联网产业组织发展的动力之源，市场需求是物联网企业发展的根本保证，市场主导原则是物联网产业发展的基本规律。从满足社会经济发展的重大需求出发，以应用示范工程为先导，在公共服务和社会管理领域，引入市场机制，增强物联网产业发展的内生动力，实现物联网关键技术突破和产业化规模发展。首先，积极培养用户消费意识，加强媒体的宣传力度，正确引导公众对物联网产品的认识。其次，推动物联网与工业、农业、物流、教育、医疗等传统行业的深度融合，进一步加强典型应用项目的推广，让广大消费者感知物联网产品的易用性、有用性和便利性。再次，激发新业态、新业务的产生和发展，实现产业升级，培育新的产业增长点。最后，探索成熟的商业模式，鼓励第三方服务企业参与物联网推广，鼓励事业单位和政府部门购买物联网相关产品或服务，紧跟市场需求变化，积极探索准物联网商业模式。

产学研结合原则

物联网产业以技术为基础，以应用为先导，坚持产学研结合原则。全国高校、研究机构、物联网企业进行资源整合，以企业为主体，以高校和科研院所为依托，形成产学研结合的局面，加强协同创新，提升物联网产业竞争能力。

持续创新原则

首先，持续技术创新。从物联网软硬件核心产品和技术两个核心环节入手，坚持独立创新和合作创新结合的原则，增强研发能力，争取在核心技术和关键领域实现突破和发展。其次，持续模式创新。以开放、共享、集优、低成本为导向，在物联网产业链上下游之间创造出一种更有效的商业模式，有效资源整合，既实现整体利益最大化，又可以满足单个节点的成长发展。第三，持续市场创新。物联网发展的目的是应用，企业在不断变化的市场环境中，通过引入新要素或是改变原有的经营要素，不断开拓新市场，从而更好满足市场需求的过程。

协调发展原则

物联网产业在社会经济系统中表现为一个复杂的经济组织体，其发展受众多因素共同作用的影响。首先，重视物联网产业信息资源的智能分析和共享，加强各类资源的整合与协同，避免重复建设和不合理投资。其次，注重产业链上下游协调发展。加强物联网与云计算、大数据、移动互联网、智能终端等信息技术的融合，促进技术融合创新，充分发挥物联网产业的带动效应。第三，注重区域协同发展。集中优势资源，培育特色产业集群，打造区域品牌战略，形成重点突出、优势互补的物联网产业发展态势。

2. 优化对策

(1) 强化产业组织驱动力

丰富企业资源

首先，加强物联网企业人才制度建设。人才资源在物联网产业组织发展中起决定性作用，是技术要素、资本要素的提供者。依托国家重大专项、重大工程和重点企业，相关主体积极实施物联网高层人才引进培养计划，制定切合实际的分配政策和激励政策，形成由市场配置人才资源、促进人才流动的机制，营造人才脱颖而出的环境。加强物联网院校同国际教育培训机构的交流与合作，积极推进分层次、分类别的人才教育和培训，满足产业不断发展的需要。

其次，加强物联网企业创新机制建设。物联网企业可以通过合作创新和差异化创新两种方式进行物联网技术和应用创新。中小企业主攻合作创新，在物联网产业链专业分工与协作的基础上，实现创新集聚效应；大企业主攻差异化创新，根据自身优势，通过投入独特的创新要素形成物联网相关技术的创新。

第三，加强物联网企业文化建设。由于物联网产业链的复杂性，各环节的企业之间保持着较高的独立性，彼此之间的文化观念存在较大差异。为了能够以共同的价值理念发展物联网，实现物联网资源的有效整合，有必要对各环节物联网产业组织进行文化建设，促使物联网产业协同发展。在企业内部提高员工素质，充分认识物联网发展契机；在企业外部，整合相关资源，形成有利于物联网技术创新和应用推广的文化氛围。

加强产业链合作

首先，建立产业链对接机制。产品或业务是价值链对接机制的载体。从产业链上游的研发设计到下游的产品销售，各环节对应的产业集群，需要相应的合作机制和信任机制。设备制造商与技术提供商、服务提供商之间的合作，可以丰富物联网产业链；信任机制的建设可以通过信誉保障、感情维系和法律手段三种方式的有效结合实现，有助于增强企业之间相互信赖。

其次，促进产业链主体建设。政府调控会决定物联网产业链的长度和宽度，尤其是对于关键环节的调控会形成主导企业。就如同当前的通信领域，在相关部门的规范下，基础电信业务经营集中在几家主导型企业。政府还可以通过特许经营和许可证制度，对产业链的某些环节进行限制，促进合理竞争。

第三，完善商业模式。企业发展物联网，需要有成熟的商业模式。当前，芯片设计商、设备制造商、通信商、运营商等积极投身到物联网市场，有利于物联网产业更加市场化，更贴近客户的真实需求，促进物联网产业链相关环节商业模式的形成。

优化政策环境

首先，根据各地区产业基础，从技术领域、产业领域、资金支持等方面完成顶层设计，既要合理分工，发挥专业和特色优势，又要相互合作，实现企业层面、产业层面和政府层面的互动。

其次，积极落实优惠政策。物联网相关政策的关键在于落实，财税政策的落实可以刺激物联网企业的成长和信心；投融资政策的落实可以拓宽企业的融资渠道，减少资本风险；人才政策的落实可以为物联网企业提供智力支撑，为技术创新和管理领导提供保证；市场政策的落实可以有效刺激消费，增加市场需求。

第三，完善相关法律法规体系建设。物联网产业的发展同样会遇到专利侵权、数据泄露、伦理道德等问题，积极完善物联网相关法律法规，可以为企业提供公开、透明的经营环境，为用户提供隐私保护，为研发主体提供合理的知识产权保护，改善企业、用户等主体的法律环境。

开拓物联网市场

首先，准确把握市场需求。物联网产业的发展是以应用为先导，产业链上的所有产品都应该以满足社会对物联网应用的需求为根本出发点。物联网企业一方面加强市场调研，建立信息数据库，另一方面，同产业链上下游的合作，建立网络信息联盟，参与对外交流与合作，准确把握市场需求走向。

其次，培育物联网新兴业态。一方面，推动物联网与工业、农业、物流、教育、医疗等传统行业的深度融合，激发新业态、新业务的产生和发展，实现产业升级；另一方面，以物联网相关产业园区为基础，搭建国家物联网技术研发与应用示范平台，支持高端制造业发展，培育新的产业增长点。

第三，鼓励物联网市场消费。在产业化初期，加大政府采购力度，推动大物联网在智能电网、智能交通、智能物流、智能安防、智能家居等民生工程的示范应用，对企业、家庭和个人消费可以采取补贴政策，增强消费信心，发挥需求驱动效应。

（2）构建合理的市场结构

提高市场集中度

首先，培育龙头骨干企业。通过战略联盟、资本运作、项目承接和品牌塑造等途径，重点培育一批具有核心竞争力的物联网大型企业，在国内甚至是国外的市场份额中能够占有相当的比例，可发挥物联网龙头企业的引领作用。

其次，推动物联网企业重组。以市场为导向，鼓励物联网产业链上下游的设备制造商、系统集成商等企业与企业之间、企业与科研机构之间等的联合和兼并，组建一批品牌价值高、实力雄厚的物联网大企业集团，实现规模经济，提高市场集中度。

第三，引进海内外巨型企业。加大招商引资力度，加强与国际物联网巨头企业的交流合作，引进一批具有品牌优势、技术优势和市场优势的海内外知名企业，通过技术转让和协作配套等方式与国内相关企业建立战略合作伙伴关系，提高物联网产品的市场份额。

提高物联网产品差异化程度

在产品特性方面进行差异化。针对不同的垂直应用市场，物联网产品考虑的重点不一样。POS 机应用，重点提高数据传输的稳定性；车载应用，重点考虑车载电磁环境、电源的高低压冲击、抗震动等；无线抄表，重点考虑抗干扰性能和 ESD 等。在产品创新方面进行差异化。通过技术创新，物联网企业生产高、精、尖的产品，既提高了产品的科技含量，又降低了成本，增强了企业竞争力。

构筑合理的市场进入和退出机制

物联网产业市场壁垒过高，企业难以仅靠自身力量解决资金、技术等问题；市场壁垒过低，容易引起大量的中小企业进入，造成中低端产品产能过剩，引发恶性价格竞争。为确保物联网企业的独立性和主体性，按照参与竞争的市场经济规律，政府应建立相对有效的市场进入和退出机制，确保让符合条件的产业组织自由加入其中参与市场竞争，确保企业可以以较低的成本退出市场，实现优胜劣汰。进入和退出机制的完善有利于优化资源配置，建立符合物联网产业未来快速发展的新兴市场结构。因此，降低资金等进入壁垒，可以扩大市场竞争，对产业内已经存在的主体形成竞争压力，迫使其提高效率；降低政策法律成本，有利于减少资源浪费，避免无序竞争。

（3）引导合理的市场行为

增强企业技术创新能力

物联网产业具有高投入、高风险、高收益的特点，而且大部分物联网技术具有多种新技术交叉、衍生、融合的特点。因此，充分发挥技术进步对物联网产业的推动作用，应重点做好如下工作：

首先，加大科研资金投入。一方面，设立专项资金，从我国实际出发、结合自身特点、突出特色、有重点地发展核心技术。另一方面，深化科技体制改革，建立健全新兴产业风险投资机制，增强企业在各种优惠政策引导下对技术研发的积极性。

其次，加强产学研合作。组建由政府、企业、高校、科研机构组成的产学研合作平台，发挥协同创新效应，在共性及关键技术领域展开深入合作，研发出更多拥有自主知识产权的核心产品和技术。在合作创新中，物联网企业不仅能获得先进的技术成果，而且能够提高自身的研发能力。

最后，加强技术创新管理。物联网企业在开展技术创新的过程中要克服技术创新的任意性，充分了解市场需求，围绕创新战略选择能最大程度发挥企业优势的创新模式。一是掌握有效的工具和方法，对技术创新进行有效指导。二是加强技术创新风险的评估、防范和控制。

适时调整组织结构

首先，引导物联网企业在成本管理、技术管理、质量管理、营销管理等方面的创新，将组织调整为"虚拟扁平化"结构；通过计算机实现信息共享，增强组织对环境变化的感应能力和快速反应能力；通过"集群式"方式准确、快速发布指令，避免信息失真。

其次，引导产业联盟之间实现错位发展，合作共生，避免"拼盘"现象。做好整体规划与联盟间的沟通交流，各地区的业务和发展有序错位，与各地区经济和特色相结合，做到各有侧重。

第三，引导产业群落集中发展，催发辐射效应。坚持因地制宜、集聚发展的原则，根据各地区产业发展实际，积极打造物联网产业集聚基地、物联网产业应用示范基地和物联网产业系统集成基地。

规范价格行为

物联网产业发展初期，产品价格机制还不成熟，在中低端市场存在恶性价格竞争行为，严重破坏市场秩序，不利于物联网产业的长远发展。在产品价格规范方面，政府可以有所作为。在中低端产品领域，在卖方和用户之间可接受承受范围内，选择一个价格区间，既能保持中小企业的正当利润，优胜劣汰，又能刺激用户的消费信心，扩大市场消费容量。在中高端产品领域，可以适当调高产品价格，增加净利润，刺激企业技术创新的动力，使更优质、更高端的产品进入市场，形成良性循环，减少高端产品依赖进口的程度。

（4）树立区域联动意识

打破传统的"市域"观念，坚持高端发展、差别发展、创新发展、协同发展的原则，既要从物联网产业组织发展的整体利益出发，既要创造良好的政治和政策环境，积极创造和寻求经济区域内部的交流与合作，又要结合自身条件和可能性，在功能定位方面走错位竞争道路，形成区域内产业发展的整体性、综合性、动态性和差异性格局。

(二) 物联网产业组织的市场支撑

1. 物联网产业发展的市场支撑体系[①]

纵观国内外物联网产业的发展。其一，物联网产业是一个典型的受政策支配的产业，政府在产业发展初期扮演着非常重要的角色，是物联网产业发展的主导力量。其二，国内的市场需求也自发地推动着物联网产业向前发展。其三，出口市场对物联网产业的发展也扮演着积极的作用。因此，本启示从三个方面探讨物联网产业组织发展的市场支撑体系，即：物联网产业的投资市场、物联网产业的消费市场和物联网产业的出口市场。如图6.1所示。

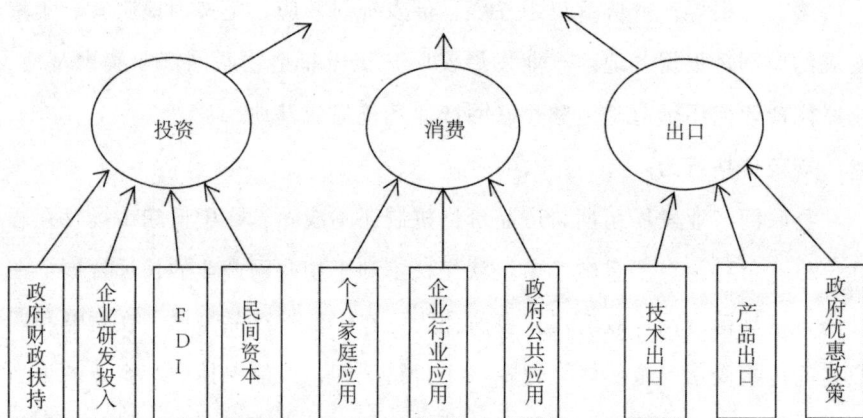

图 6.1　物联网产业发展的市场支撑体系

2. 物联网产业的投资市场

物联网产业的投资市场包括政府财政扶持、企业自主研发投入、FDI（外国直接投资）、风险投资和民间资本等。投资是经济增长的推动力，也是产业发展的加速器。物联网产业正处于起步阶段，高昂的开发成本，导致目前我国物联网技术很难推进到产业化发展和应用的良性循环轨道。对

---

① 吴好，郑淑蓉.物联网产业发展的市场支撑体系研究.科技管理研究，2012（15）：168—170

中小企业来讲，进入的门槛太高，造成这一技术无法大规模的推广。

现阶段，政府财政扶持对物联网产业的发展至关重要，各级政府加大对物联网产业的财政扶持力度，推动物联网自主创新和科技成果转化，促进物联网产业的快速发展。充分发挥政府在物联网产业发展初期的引导和推动作用，加大各级财税、金融、人才、土地等政策扶持力度，鼓励企业研发创新、产品创新和服务创新，提升物联网产业的核心竞争力和可持续发展能力。

提高自主创新能力，建设创新型国家已上升为我国的国家战略。物联网企业是物联网产业发展的主体，企业要加强物联网核心技术的研究与开发，在国际竞争中占据有利位置。做大做强龙头企业，通过项目承接、资本运作、战略联盟和品牌塑造等途径，着力培育具有核心创新能力的物联网龙头企业。物联网行业的竞争，归根结底终究是技术和研发能力的较量，只有掌握了这一行业的核心技术，才能最大限度地占据最广阔的国际市场份额，在竞争中立于不败之地。

在开放经济中，一国技术创新能力的提高主要依赖于内源式创新和对外源性技术的消化吸收再创新。我国已成为世界上吸引 FDI 最多的发展中国家，引进国外先进技术，提升我国自主技术的创新能力，才是开放政策成功的标志。研究表明，科技经费投入对我国技术创新产生了积极的影响，而科技活动人员投入影响不显著，因而，科技经费仍然是影响国内技术创新发展的关键因素。实证分析表明，无论是地区层面还是行业层面，FDI 对我国技术创新均产生了积极的溢出效应[1]。外商直接投资能带来物联网产业发展急需的资金和技术，对我国物联网产业的发展起到积极的作用。同时，李成、蔡达建、黄顺绪（2009）[2] 通过对美国风险投资与经济增长关系的分析，从风险投资的市场供求和对经济发展的影响途径透视，可以发现，风险投资为技术创新提供产业化资金支持，政府为风险投资建

---

[1]　李成刚 . FDI 对我国技术创新的溢出效应研究［博士学位论文］. 浙江大学，2008
[2]　李成等 . 风险投资对经济增长贡献的理论解读—以美国为例 . 科技进步与对策，2009（17）：25－29

立制度保障，激励了技术创新，促进了生产要素的优化组合，推动经济增长。

国际风险资本的引进，不仅能带来充足的资金，而且能提升国内物联网企业的管理理念和水平，帮助物联网企业做大做强。因此，政府要进一步加大政策扶持力度，制定出我国物联网产业组织发展的宏观规划，吸引国内外风险投资及社会资金投向物联网产业，创造有利于创新型中小企业成长的融资环境。这一对国家长远发展具有重大战略意义的高新技术产业，政府不仅应该在信贷、税收方面予以扶持，更重要的是要完善相关的法律法规，搭建一体化的协调平台，制定出统一的行业技术标准，根据国内外形势的变化制定出物联网产业发展的长期规划，为国内相关企业和民间资本的加入创造良好的投资环境。

3. 物联网产业的消费市场

物联网产业的消费市场包括个人家庭应用、企业行业应用和政府公共应用。长期以来我国经济增长的三驾马车中，出口和投资担当了主角的位置。改革开放之后，我国外贸进出口额和出口额规模迅速扩大，使我国国民经济对外贸易和出口的依存度过高，分别达 70％和 40％，甚至远远高于一些发达国家的现有水平。它的消极影响是使我国经济较为容易地受到国际经济和国际市场波动的影响[1]。目前我国投资、消费、出口之间的关系出现失衡，若这种状况长久持续下去，将会给我国的经济发展带来通货紧缩、经济运行波动、高失业率、经济过度依赖于出口等诸多不良影响。应该看到内需对我国经济发展的拉动作用。重视内需，应当是一个战略举措[2]。《中共中央关于制定国民经济和社会发展第十二个五年规划的建议》指出，制定"十二五"规划，必须以加快转变经济发展方式为主线，坚持把经济结构战略性调整作为加快转变经济发展方式的主攻方向。目前我国内外需失衡，出口依存度过高，内需不足，其实质是居民消费需求严重不

---

① 钱滨. 复苏中扩大消费需求仍是长期战略. 生产力研究，2010（5）：160—162
② 李义平. 由美国次贷危机引发经济危机的经济学分析. 学术研究，2009（5）：70—74

足。居民消费不足，使我国经济越来越走上为生产而生产的怪圈，带来一系列经济社会问题。因此，《建议》强调把扩大消费需求作为扩大内需的战略重点，促进经济增长向依靠消费、投资、出口协调拉动转变。

我国物联网产业整体市场规模会超过计算机、互联网、移动通信等市场。这不仅可以提供巨大的社会价值，而且可以为国内需求的扩大拓展空间，为经济社会发展提供持续的动力。许多物联网技术是跨行业部署的，物联网技术使得很多行业进入新的市场，连入物联网的设备数量以指数级别增长，首先是基建、能源、公用设施和零售业最为明显，其次是医疗、银行、保险和政府服务等。物联网已经悄无声息地融入到各行各业，许多行业开始使用物联网能力实现远程设备监控和维护，物联网潜移默化地影响着人们的生活。

从市场需求看，我国物联网产业具有较大的市场空间，物联网为人民生活的新应用引入了一种革新的服务方式，为顾客提供愉快和惊喜，通过操作和控制某些"实物"，使之通过有线和无线的方式"互联"在一起，形成一张提供崭新体验的大"网"。在公众业务领域，平安家居、电力安全、公共安全、健康监测、智能交通、重要区域防入侵、环保等领域的市场规模均超过百亿甚至千亿元。

物联网被广泛地应用到各行各业的服务中，驱使各行各业走向信息数字化和商业流程的自动化。物联网正在打破通信和高科技服务、金融服务、公共服务、产品提供和能源等之间的壁垒，使之日益为客户提供融合的服务体验。以无处不在的互联网和一系列高科技技术为标志的数字经济积极地打破顾客、企业、竞争对手和合作伙伴之间的界限，提供数字化、快速传输和大量的数据存储，提高信息传播的安全性，实现商业流程的自动化。

4. 物联网产业的出口市场

我国作为一个外向型经济的国家，外贸依存度高达 65%①。改革开放以来，我国在出口方面成绩明显，但产品低端化的结构问题依然突出，高

---

① 全锐，张宏程. 金融危机影响我国出口的原因及对策分析. 生产力研究，2010（2）：13—16

新技术产品占工业制成品的比重仍然在较低的水平上增长，见表6.1。

表 6.1 2006－2012 年我国高新技术产品出口额占工业制成品出口额的比重①

年份	2006	2007	2008	2009	2010	2011	2012
高新技术品出口	247	370.43	464.57	677.07	1103.2	1620	2182
工业制成品出口	1749	2237.5	2398	2970.8	4035.6	5528	7129
比重	14.1%	16.6%	19.4%	22.8%	27.3%	29.3%	30.6%

如表6.1，从2006年至2012年，我国高新技术产品出口额占工业制成品出口额的比重从14.1%增长到30.6%，增加了16.5个百分点，我国出口商品结构中高新技术产品所占的比重稳步上升，高新技术产业的发展对外贸商品结构提升的贡献率显著增强。但是相比同时期全球各国高新技术产品出口占制成品出口比重的平均水平47%（美国为56%）仍有较大差距。从世界范围看，2012年世界贸易额（以出口计）为10.3386万亿美元，其中中国的出口额为1.4219万亿美元，占世界出口额的13.76%，按照世界银行的统计，2012年全球高新技术产品出口的市场份额中，美国占37%、欧洲27%，日本18%，韩国3%，中国也只有3%，如图6.2所示②。可见，中国高新技术产品的出口份额少之又少。而且，我国高新技术产品的出口品类狭窄，主要集中在计算机、通信设备、电子产品等少数类别，出口产品中高科技成份的缓慢发展严重阻碍了我国贸易强国的进程。

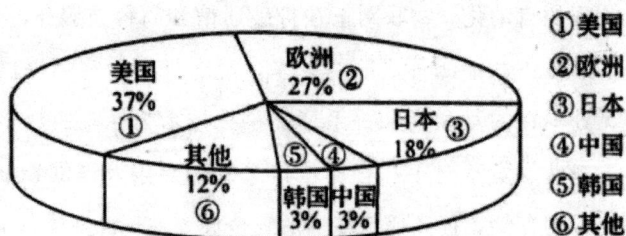

图 6.2 2012 世界高新技术产品出口市场份额

2008年以来，受美国金融危机的影响，我国出口增幅受挫，出口总

① 根据《中国统计年鉴》相关数据整理计算
② 根据世界银行世界发展指标的相关统计数据整理计算

值 14285.5 亿美元，同比增长 17.2%，较去年回落 8.5 个百分点。高新技术产品出口 4156 亿美元，增长 13.1%，较去年回落 11.7 个百分点[①]。外贸作为我国经济三驾马车中的重要之一，它的波动会对我国国民经济产生重要的影响。而物联网产业作为一个新兴的高新技术产业，加大物联网产业的出口将有效扭转我国目前出口结构不平衡的局面，使国民经济朝着又好又快的方向发展。

工信部正在研究、出台一系列政策措施，加大对电子信息产品出口的支持。为此，工信部将大力推广自主知识产权标准的研发和产业化，推进物联网、泛在网、TD 及其演进技术，同时推荐 AVS、网络电视等标准的制订和产业化进程。

5. 完善物联网产业组织市场支撑体系的建议

物联网产业组织的发展和完善与市场支撑体系密不可分，为了使物联网产业健康快速发展，必须构建完善的市场支撑体系。

政策先行，加大物联网产业的融资渠道，引领产业发展

物联网技术对我国的战略性和可持续发展具有重要意义，"政策先行"将是中国物联网产业组织规模化发展的重要保障。研制出台配套产业扶持政策是促进物联网产业突破性发展的关键因素之一。针对信息产业高投入、高风险、高收益的特点，加大国家财政预算对信息产业科技研发的支持力度，在中央财政预算中，安排一定比例资金用于重大专项核心技术研发和产业化，加重对企业科研的投资。按照相应比例安排专项研发经费。建立信息科技成果转化基金。

建立和完善适应信息产业发展的投融资体系和投资退出机制。充分发挥政府投资的引导和撬动作用，进一步拓宽信息产业投融资渠道，发展多种融资方式。建立政府与金融机构沟通协调机制，搭建银企对接合作平台，积极向金融机构推介重点发展的物联网产业项目，促进金融机构加大

---

① 郭丽峰. 金融危机对我国高新技术产品出口的影响研究. 中国科技论坛，2009（10）：20—26

对物联网企业的信贷支持力度。优先支持物联网企业境内外上市，发行债券、短期融资券、中期票据以及上市公司再融资等。引导和鼓励条件成熟的物联网骨干企业通过资产重组、收购、兼并和境内外上市，做大做强。加强政府性创业投资，引导基金对物联网产业发展的投资，鼓励设立创业投资机构和产业投资基金，吸引国内外风险投资及社会资金投向物联网产业，创造有利于创新型中小企业成长的融资环境。

加大引导力度，培育与引进一批物联网产业的规模企业，打造完整的物联网产业链。重点是选择一批拥有鲜明特点的企业，通过项目承接、资本运作、战略联盟和品牌塑造等方式，培育一批具有竞争力的龙头企业。加快物联网产业园区建设，重点引进一批拥有技术优势、品牌优势和市场优势的国内外知名物联网领域相关企业，通过战略重组、技术转让和协作配套等方式与上下游企业建立紧密合作关系。

示范带动，全力推广物联网应用，培育市场需求

通过局部试点、重点示范的产业发展模式，选取基础设施较好、技术研发领先、资金扶持到位的城市作为示范，率先开展物联网产业推广应用，在实践中破解难题，逐步积累经验，适时总结推广，带动整个产业的持续健康发展。

学习借鉴国内外成功经验，结合各个地区实际，瞄准国内外成熟技术，以示范项目为载体，加大市场培育力度，促进物联网技术推广应用。物联网主管部门、行业应用部门、行业协会、通信运营商、技术设备提供商以及系统解决方案服务商等各方紧密联系，协力推进。与国计民生相关、应用效益明显、对本省产业推动作用大且先行先试已有成功案例的物联网应用项目，采取有关政策倾斜一点、政府财政扶持一点、运营商参与分担一点、软件设备提供商和系统集成服务商优惠一点等措施，推进物联网应用项目示范建设。充分利用国内外各类展会，开展物联网技术应用展示和对接活动。支持有关地方设立物联网技术研发专区，支持物联网示范区和重点企业物联网应用中心建设。

优化平台，大力推行外向型的物联网产业市场战略

优化出口商品结构，提高国家竞争力。首先，扩大高技术含量、高附加值的产品出口。近年来，物联网是我国最具竞争力和发展潜力的产业，可以成为我国对外贸易出口新的增长点。各级政府采取有效措施，为物联网出口企业提供更多的政策优惠，继续保持并适当加大部分电子信息产品出口退税力度，发挥出口信用保险支持电子信息产品出口的积极作用，强化出口信贷对中小电子信息企业的支持。其次，落实科技兴贸规划。采取综合措施为企业拓展新兴市场创造条件，支持企业"走出去"设立研发、生产基地，建立境外营销网络。鼓励物联网企业跟踪行业技术发展的前沿，大胆进行技术创新，在国际市场上形成中国物联网产品的技术特色和科技优势。再次，实现科工贸一体化。加速推动科研院所和生产企业的结合、生产企业和外贸企业的结合，促进物联网产品的高科技产业化。在形成大批拥有自主知识产权的企业后，以更高的技术水准推动更多的物联网产品走向国际市场，并最终实现以高科技高技术为主的资本、技术密集型商品在出口贸易份额中的主导地位，走外向型的物联网产业市场发展之路。

（三）物联网产业组织的资本支撑

从全球范围看，美国、英国具有比较发达的资本市场。其中，美国拥有世界上最庞大、最完善的资本市场，其结构非常复杂，但也非常合理。美国的资本市场总体分为 5 个层次：主板市场（纽约证券交易所）、创业板市场（纳斯达克证券交易所）、第三层次市场（OTCBB）、第四层次市场（Pink Sheet 粉单市场）和第五层次市场（如券商之间约定的不定期的交易市场），五个层次的资本市场之间紧密结合。这是一个多层次、多元化和多重覆盖、风险分散的资本市场体系，企业在这 5 个层次市场上进行上市交易的标准条件是逐渐降低的。从第一层到第五层，市场投资风险逐渐增大，市场流动性变弱，做市商等中介机构的作用加大，上市公司的信息披露责任加大，做市商、保荐人与上市企业的"连带责任"也不断加大，监管部门越来越注意监管市商、保荐人而不是上市企业。同时，好的企业可以从下一级市场升到上一级市场上市交易，差的企业则可以"降低"。

对于资本市场的建设，国内许多学者展开了研究，研究成果不少。而对于物联网资本市场体系的构建，目前学术界尚没有相关的学术文献。然而通过对以往文献的回顾，可以发现对于构建什么样的资本市场体系，学者们似乎都取得了一致的意见，那就是包括主板、创业板和OTC（场外交易市场）市场在内的多层次资本市场体系。如果仔细分析目前学者们的关注点，他们主要还是着眼于直接融资的证券交易市场体系构建，对于间接融资的资本市场体系构建，虽也有涉及，但都没有系统规范的研究。物联网资本市场体系的构建，除了直接投融资体系的构建，还应该包括间接投融资体系的构建。

1. 我国物联网资本市场发展现状

（1）我国物联网股权资本市场现状

自1990年沪深两市开办至今，我国的资本市场已经形成了主板、中小板、创业板、产权交易市场等多种类型的权益交易平台，初步显现了多层次资本市场的原型。截至2012年12月30日，我国物联网板块的上市公司共有36家，其中4家上市公司属于创业板企业。由于主板对上市企业的要求比较高，物联网作为新兴产业，符合主板上市条件的企业很少，在主板上市的29家物联网企业，大多数只是一部分业务与物联网有关，概念炒作的成分较大，象征意义大于实际意义。物联网概念股的热炒，一方面说明我国物联网产业刚刚起步，行业的大型龙头企业还没有形成；另一方面也说明我国股票资本市场的不成熟，没有充分发挥企业融资平台的作用。

（2）我国物联网债权资本市场现状

债权市场作为资本市场的重要组成部分，其规模和结构将会对资本市场的功能产生重大影响。我国资本市场的债权市场规模一直都远远落后于股权市场，以2010年为例，全年IPO市场累计融资4921亿元，再融资逾 5828 亿元，二者合计超过 1 万亿元；同期我国的监管部门共核准 25 家企业债券发行，共融资 603 亿，不到股票市场的十五分之一。

在结构方面，我国债权市场也存在着很多问题。我国的债券发行主体主要有央行、财政部、地方政府和政策性金融机构，企业发行人所占份额不到 10%。发行债券、确定债券品种、期限、规模、利息等应由经济主体自主决定，但我国在企业发行人发行债券方面实施总额控制，在发行主体、发行规模、发行利率、审批程序等方面进行了严格的规定，这些严重限制了我国公司债权市场的发展。截至目前，物联网板块几乎没有企业发行公司债券，可以说，我国物联网债权资本市场几乎是一片空白。

（3）我国物联网行业风险投资现状

现阶段的物联网处于产业发展初期，存在高风险、高成长的特点，而风险资本属于风险偏好型的投资资本，对风险有天然的偏好，对于很难从追求安全性的银行系统获得资金的物联网企业来说，无疑是一种很好的融资途径。风险投资与处于产业发展初期的物联网有着天然的互补性，是物联网发展的重要推动力量。

据不完全统计，目前主要从事物联网投资的风险资本有：2010 年 5 月在无锡成立的首个"物联网产业基金"，首期出资 10 亿元，计划规模 50 亿元；2010 年 11 月在上海设立的上海物联网创业投资基金，规模为 5 亿元。相对于物联网巨大的市场前景和融资需求来说，目前专门从事物联网产业投资的风险资本可谓杯水车薪。鉴于物联网尚处于起步阶段，应用比较零散，以政府为主导，没有一个清晰的盈利模式，很多风险资本还在观望之中。

2. 我国物联网资本市场体系构建

通过对物联网行业经济特点以及资本市场发展现状的分析，可以看出，物联网资本市场体系由三大部分有机组成：直接投融资体系、间接投融资体系和资本市场制度体系。

（1）物联网资本市场直接投融资体系

从纵向角度考察，物联网资本市场直接投融资体系主要包括三个层次：主板市场、创业板市场和 OTC 市场（场外交易市场或柜台交易市场）。三个层次的市场分别对应不同规模的物联网企业，力图构建一个多层次具有较强渗透性的物联网直接投融资体系，同时根据物联网企业自身的规模和具体情况，可以在这三个层次的资本市场中进行变换。

主板市场是物联网资本市场直接投融资体系中的最高级市场，其对发行人股本规模、盈利水平等方面的要求较高，主要面向发展较为成熟的大型企业。在主板市场的建设中，应致力于建设面向全国的主板市场，同时，要改变目前偏重股权融资、限制债权融资的现状，制定科学合理的规章制度，实现股权融资和债权融资并举的局面，更好地为投资者、物联网企业乃至其他行业的大型企业服务。

创业板市场主要面向成长型的企业。其上市标准应根据成长型企业的特点，在股本规模、盈利水平、成长性等方面与主板市场区别开来，真正成为专门服务于成长型企业的证券市场。物联网作为新兴科技型产业，业内企业大多处于成长期，创业板市场的融资能力、流动性、完善程度等将很大程度上影响着物联网产业的发展进度和规模。

OTC 市场主要面向无法在主板和创业板上市交易的中小型企业，是主板市场和创业板市场的有益补充。鉴于我国幅员辽阔，各地经济发展水平不一致，加之物联网行业具有规模效应，覆盖面广，应综合考虑 OTC 市场在全国的布局。OTC 市场可以优先选择本地符合条件的企业上柜交易，各个 OTC 市场分别与创业板市场通过计算机联网，形成全国性的 OTC 市场。在具体布局方面，优先考虑中西部地区，积极引导资本向中西部地区分流，实现物联网在全国范围内的均衡发展。

在构建物联网资本市场直接投融资体系的过程中，三个层次的资本市场之间并不是独立的，三个层次的市场之间应存在顺畅的流通渠道。当 OTC 市场的物联网企业发展到一定阶段，符合创业板上市的条件时，其由 OTC 市场升入创业板市场的渠道应是畅通的；当企业发展成熟符合主板上市条件时，也应允许其顺利升入主板市场。当物联网企业不符合上一层资本市场的上市条件时，其进入下层资本市场交易的渠道也应是畅通的。

（2）物联网资本市场间接投融资体系

从横向角度考察，物联网资本市场间接投融资体系主要包括风险投资、银行信贷和融资租赁三个方面。

物联网作为新兴产业，其未来的商业模式还不明晰，投资具有高风险、高收益的特点，物联网行业投资特点非常符合风险投资资本的要求。在我国，风险资本带有浓厚的行政色彩，出现政企不分、行政干预多、经营机制落后等局面，难以行使对风险资本家的有效监督。因此，在构建物联网资本间接投融资体系的过程中，应充分发挥市场的作用，减少行政干预，积极引导风险资本遵循市场经济规律，投资物联网行业。高度的周期流动是风险资本赖以生存的根本，风险资本正是在不断循环中实现增值，资本增值回报进而促进风险资本的供给。要建立畅通的风险资本退出机制，完善多层次资本市场建设，使创业板市场和 OTC 市场乃至主板市场成为风险资本退出的常用方式。

银行出于安全性的要求，对于像物联网这样的新兴行业并没有多大的投资热情。但这不代表银行信贷在促进物联网发展的过程中发挥不了作用。虽然现阶段投资物联网行业具有较大的风险，但作为高新技术行业，物联网企业属于有所作为的领域。从宏观角度讲，建立多层次的银行体系，大力发展中小商业银行，服务各种不同规模的企业。从微观角度讲，银行应积极进行金融产品和贷款模式的创新，针对物联网这样具有高新技术含量的企业，围绕其专利权、商标权等知识产权类资产展开产品创新。

物联网行业具有投资大的特点，加上其传输层需要依靠互联网网络的特殊性，可以想见，其未来的发展将会具有较大程度的垄断性。这样的行业特点也比较适合运用融资租赁，尤其是项目融资租赁的融资模式。项目融资租赁既可以充分利用项目承租方对行业的熟悉，也可以为项目出租方提供投资机会。

总之，在构建物联网资本市场间接投融资体系的过程中，还有其他方面的工作需要努力。

（3）物联网资本市场制度体系

资本市场体系是一个完整体系，其良好运行不仅需要直接投融资体系和间接投融资体系的完善，也需要各方面制度来加以规范。

监管制度。目前，我国的证监会和银监会在资本市场的监督方面发挥着重要作用。但我国幅员辽阔，随着资本市场的进一步完善，对监管的要求也将进一步提高。仅仅依靠政府机构的监管是不够的，应充分发挥中介机构的监督功能。完善并贯彻相关法律体系，规范会计师事务所、律师事务所等社会中介机构在监督资本市场参与者中的作用。

行业自律。在规范资本市场运行的过程中，充分发挥行业自律的作用，将政府监管与行业自律结合起来，形成完善、有效的监管体系。现阶段，中国证券业协会发挥的作用还有待进一步提升。未来应进一步完善会员制度，扩大其职权，形成会员自律和自我约束的自律制度。

交易机制。资本市场能否很好地服务于投资者和融资者，很大程度上依赖于其交易机制。在物联网资本市场体系构建的过程中，关注交易机制的完善，致力于构建一个具有较强竞争性、流动性和稳定性的物联网资本市场，如图 6.3 所示。

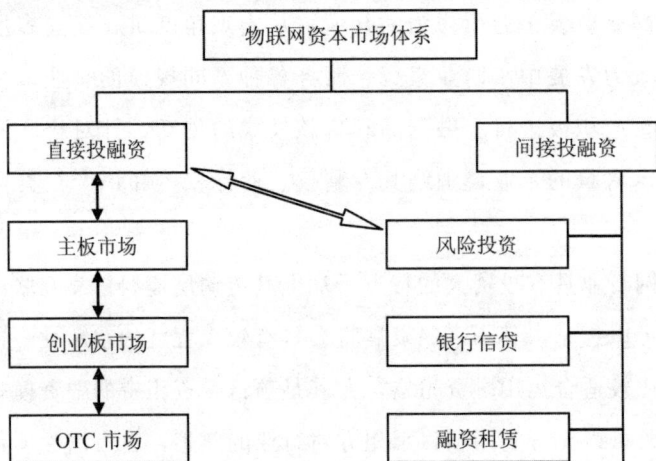

图 6.3　我国物联网资本市场体系总体框架

直接投融资体系的交易机制，不仅要进一步完善现有的交易市场体系，实现股权融资和债权融资并举的局面，而且要构建不同层次资本市场之间的"流动机制"。间接投融资体系的交易机制，关注风险投资和融资租赁，尤其要注重风险投资通过证券交易市场的退出机制。在制度体系的构建中，加强监管和行业自律制度的建设，充分发挥行业自律和中介机构的监督作用。

（四）物联网产业组织的技术支撑

物联网技术体系是一个多层次、多类型技术的融合体。2003 年，美国《技术评论》提出物联网相关技术将是未来改变人们生活的十大技术之首。物联网技术突破了传统的信息生成和发送范围，实现了信息多媒体化、信息内容聚合化、客户终端一体化。物联网技术将信息服务的广度、深度、优度和统一度都提升到一个新的高度。

1. 物联网的技术架构

物联网作为一种大规模的自组织网络，其特点包括：传感器节点密集布设、协作式、自组织、无线通信等。物联网的技术架构即物联网技术的基本构成，从下到上主要分为感知层、网络层和应用层，如图 6.4 所示。

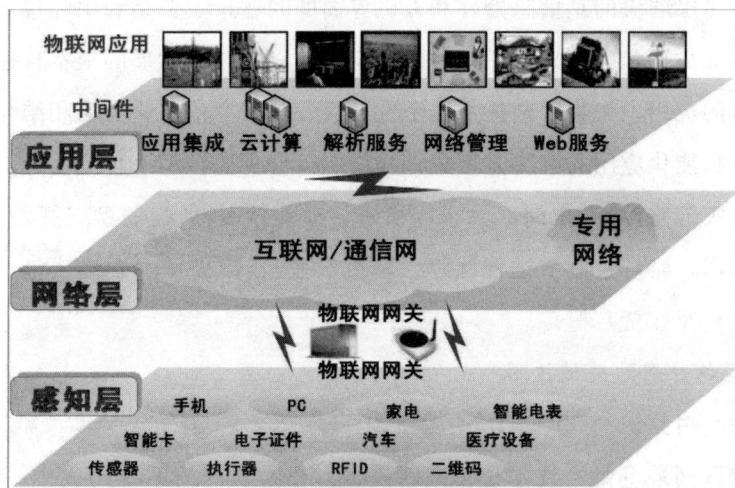

图 6.4　物联网技术架构图

197

（1）感知层

感知层是通过 RFID 移动终端、M2M 终端、汇接节点、感知节点等获取相关数据及信息，以便网络的传输。它的特点是：嵌入智能、标识感知、协同互动。感知层是实现物联网全面感知的核心能力；感知节点随时随地感知、测量、捕获和传递信息，汇接节点汇聚、分析、处理和传送数据；各种形态的终端完成不同的功能，包括 M2M 终端、RFID 移动终端、通信网和传感网之间的网关、感知信息的末梢传感器等。

（2）网络层

网络层解决的是感知层在一定范围内所获得的数据，通常是长距离的传输问题。这些数据可以通过移动通信网、国际互联网、企业内部网、各类专网、小型局域网等网络传输。网络层所需要的关键技术包括长距离有线、无线通信技术和网络技术等。

网络层为建立网络连接和为上层提供服务，具备以下主要功能：路由选择和中继；激活、终止网络连接；在一条数据链路上复用多条网络连接，多采取分时复用技术；差错检测与恢复；排序、流量控制；服务选择；网络管理；信息存储查询。

（3）应用层

应用层解决的是信息处理和人机界面的问题，主要是利用经过分析处理的感知数据，为用户提供丰富的特定服务。物联网发展的根本目标是提供丰富的应用，将物联网技术与个人、家庭和行业信息化需求相结合，实现广泛智能化应用的解决方案集。其应用可分为监控型（物流监控、污染监控、灾害监控）、查询型（智能检索、远程抄表）、控制型（智能交通、智能家居、路灯控制、远程医疗、绿色农业）、扫描型（手机钱包、高速公路不停车收费）等。

2. 物联网的关键技术

（1）射频识别（RFID）技术

物联网最重要的技术是 RFID 技术。在物联网的系统构成中，RFID 设备通过射频技术的应用，根据物体的不同状态，形成相关的参数储存在标签中，通过无线数据通信网络自动传送到中央信息系统，实现物品相关信息的识别，进而通过相关的管理和反馈，形成总体集成应用。

（2）网络与通信技术

在物联网技术的组成部分中，网络是将感知信息传递到智能运算中心的必需途径，根据网络技术应用标准情况，可以将物联网所用的技术类型分类以下几种：

Zigbee 技术。Zigbee 是当前物联网企业应用的核心模式，该技术是物联网初始阶段行业内部应用的主流模式。Zigbee 具备强大的设备联网功能，它支持 3 种主要的自组织无线网络类型，具有很强的网络健壮性和系统可靠性。

NFC 技术。NFC 是一种非接触式识别的互联技术，可以在移动设备、消费类电子产品、PC 和智能控件工具间进行近距离无线通信。它提供了一种简单、触控式的解决方案，属于近距离无线通信技术，可以让消费者简单直观地交换信息、访问内容与服务。

Wi-Fi 技术。Wi-Fi 俗称无线宽带网。目前，作为无线 IP 传输的成熟技术，由于其具有传输距离远、带宽高、组网容易等特点，已在各行各业广泛使用。伴随着三大运营商大规模建设基于 Wi-Fi 技术的"无线城市"，物联网应用架构基本形成。

3G 技术。3G 可提供多种业务类型的应用，实现全业务经营，多系统、多网络、无线与传统固网的结合将为今后物联网的全面发展带来稳定的网络质量和足够的网络容量。进而促使电信网、互联网和移动通信网络成为人与物、物与物沟通的载体。

（3）云计算技术

云计算是服务的交付和使用模式，指通过网络以按需、易扩展的方式获得所需的服务，具有超大规模、虚拟化、可靠安全等独特功效。云计算的系统组成包括网格计算、分布式计算、并行计算、效应计算、网络存储、虚拟化、负载均衡等，是传统计算机技术和网络技术融合发展的产物。它旨在通过网络把多个成本相对较低的计算实体整合成一个具有强大计算能力的完美系统，并借助 SaaS、PaaS、IaaS、MSP 等先进的商业模式将强大的计算能力分布到终端用户手中。

（4）中间件。中间件是物联网技术的关键和灵魂的核心。中间件由平台与通信组成，用于发布式系统中。中间件研究的领域和范围很广，涉及多个行业。一个完整的物联网技术一般包括传感网、通信网、数据网和智能应用，把传感网、通信网、数据网和智能应用连接起来的互联互通的桥梁，其支撑技术就是中间件。

3. 物联网技术体系的产业价值

作为一项新兴产业，物联网可以覆盖传统相关产业，具有移动性、便利性和环保性的特点，其对于所有物体的感知识别和连接，体现了一种统一化和远程化管理的理念，在世界经济发展面临拐点，传统经济推进引擎乏力的背景下，物联网便是一种引领新时代经济发展的浪潮。其产业价值体现在以下几个方面：

（1）万亿级经济发展新引擎

除了 Forrester 预测的万亿级的通信业务之外，与其相关的硬件设备制造、软件开发、第三方广告投入等都会成为巨大的经济发展潜在源，如果再加上消费市场的替代和增量效果，以及未来可能产生的新型需求市场，物联网对于经济的推进作用前景乐观。

（2）多行业、多类型厂商的覆盖

在物联网的产业价值链中，有着众多的参与者，传感器企业、RFID芯片企业、RFID读卡器企业、各种电子设备制造企业。海尔已经让其冰箱上网了，交通管理系统根据行车的速度和位置随时发布各条道路的交通状况，广告公司利用物联网随时更新其户内和户外电子广告内容，联邦快递可以在每个物流环节更新其递送物品的位置，供其内部管理人员和客户的查询。物联网应用无处不在。

（3）物联网催生产业革命

自 1965 年首个集成电路计算机诞生以来，大约每隔 15 年，信息技术领域就会给世界带来一次信息产业革命。1980 年个人计算机问世，1995

年以"信息高速公路"为代表的互联网革命。如今，新一代物联网革命已经摆到了我们的面前，从信息处理到信息传播再到信息传感，信息发展越来越进入物质领域。生产环节的物联网应用，将能够实现更加智能化、针对性的生产管理，人类社会的生产活动更加环保、智能、安全。物联网的影响正在逐渐渗透到人类社会的各个产业环节中，为人类的生产活动带来巨大的变革。

（4）物联网改变人们的生活方式

物联网的出现不仅会对人类社会的生产活动带来根本性的变化，而且会从根本上改变人们的日常生活，在直接的体验感知上，人们可以更便捷地了解自己周围的生活环境，了解一切想了解的事物状态，并在允许的范围内实现与自身相关事物的检测和远程操控，继而在社会效应上，体现生活应用的环保、智能、准确和安全。

（5）物联网体现智能服务

服务是未来产业的主导形态，传统人主导的服务虽然有着机动性和个性化的优势，但缺少相关基础设施平台的辅助，服务的范围、广度和即时性受到很大限制。而在物联网时代，通过网络任意节点的有效感知，可以更有效的了解状态和需求，在多维化信息的基础上实现需求掌控以及服务的及时有效，服务提供者无论是人还是云计算平台，都可以将智能化服务与网络化和信息化结合起来。

4. 物联网技术面临的问题与解决对策

（1）RFID 系统的安全性有待加强

RFID 系统的安全问题通常有以下几种：侦察出信息（无理存取信息）、伪造信息、拒绝服务（损害功能的可用性）以及通过攻击系统试图保护私人范围。

安全的 RFID 系统可增强保密性、防止信息外泄以及长期跟踪性，解决安全性的方案通常可以采用以下措施：编码（防止窃听读出器—收发信机空中接口）；敏感数据只存储在基础系统中；使用防冲突协议（通过无声—树形—移动，临时识别的阿洛哈方法）；假名化（掩盖标签的同一性）；阻止通过字块标签读出等措施。

（2）物联网相关标准不统一

目前，物联网的相关标准缺乏统一，一些利益相关体争相进行基于自身利益的解读，使得各国政府、产业和市场方对其内涵和外延认识不清，可能使各国政府对物联网技术和产业的支持方向与力度产生偏差，严重影响物联网产业的健康发展。解决办法只能由各国物联网相关标准工作组织，加强协调合作，围绕物联网发展需求，积极推进全球物联网标准化工作，建立健全相关标准体系[①]。

（五）物联网产业组织的人才支撑

到 2020 年，物联网产业的整体产值将超过 5 万亿元，为此将带来巨大的行业人才需求与就业市场空间。当前需要认识物联网产业的人才需求与特征，加大人才培养力度，为物联网产业组织的发展提供人才支撑。

1. 物联网产业的人才需求环境

物联网产业的人才需求，既有知识经济时代知识应用分离的大环境影响因素，又有物联网小环境的影响因素。

（1）人才需求的大环境因素

物联网产业人才需求的大环境，是以知识平台为中心，知识平台产业与知识平台应用产业的全球化分工格局。少数人从事知识创新，并将创新知识转化成知识平台，大部分人在知识平台基础上从事创新知识应用。30多年来，知识平台产业与知识平台应用产业全球化分工格局业已形成，知识平台产业开始形成了垄断性发展趋势。与 IT 产业相关的科技领域，芯片平台、智能手机平台、开发工具平台、基础软件平台等，形成大型垄断企业的局面不易改变。留给一般高校、科技院所的产业空间，主要是知识平台基础上的行业应用，在应用中创新。

---

① 赵海霞.物联网关键技术分析与发展探讨.中国西部科技，2010（05）：45—49

（2）人才需求的小环境因素

人才需求的小环境因素，是指现阶段物联网领域技术发展对人才需求的影响。具体体现在：物联网产业多学科交叉融合会增加复合型人才的需求以及后硬件时代软件人才的全面需求。

2. 我国物联网产业组织的人才需求分析

物联网以世界万物作为其前端，将实现万亿的产值，而且正以 30% 的速度在增长，市场潜力巨大。物联网使人们以更加精细和动态的方式管理生产和生活，它的发展不仅能确保生产质量，实现流通有序高效，配置资源更加合理，消费安全指数大大提高，而且还将带动微电子技术、传感元器件、自动控制、机器智能等一系列相关产业的持续发展，催生新兴产业、新的就业岗位和职业门类，带来庞大的产业集群效应。物联网是"新世纪人类 IT 应用新的里程碑"、"新兴产业的发动机"，应用前景广阔。其巨大的市场和广阔的应用前景必然也潜藏着巨大的人才需求。

国脉物联网技术研究中心研究员姜德峰表示：就目前的情况看，影响我国物联网产业发展的因素很多，而首当其冲就是人才的缺乏。现在各省都在制定自己的物联网产业规划，还有十多个城市提出建设智慧城市目标，所有这一切都需要大量的物联网人才参与其中。而目前我国的物联网人才储备显然达不到这一要求，这也使得物联网人才成为未来最紧缺的人才之一。以无锡为例，目前，无锡从事传感网产业领域的研发企业已达 53 家，集聚了无锡传感网产业研究院等一批国家级团队，高层次人才 200 人左右。根据无锡市信息化办公室提供的情况，无锡感知中国中心近期发展规划是：至 2016 年总投资 40 亿元，建成引领中国传感网技术发展和标准制订的中国物联网产业研究院，实现各类技术成果转移 100 项，集聚各类传感网企业 500 家，实现产值 500 亿，引进和培养高级人才 5000 人，集聚从业人员 5 万人。计算机、通信类、网络类职位的网页设计师、PHP 网络工程师、协议研发工程师、应用物理测控技术、光学精密测量、遥感遥测、纳米技术及光学工程、计算数学、组合数学、计算机科学、图像处理、图像与模式识别、可视化、系统优化与布局优化、模糊优化等职位成物联网人才需求新热点。根据预测，未来几年，物联网的发展会渐趋成熟，在社会中将会更普及，届时人才需求量会更大。

3. 构建我国物联网产业组织的人才支撑体系

人才支撑体系是人才的运行载体，是一个多元性、层次性、动态性和整体性的社会系统。它是以人才资源为核心，通过政策、市场、资金、激励、教育、培训、服务、环境等影响因素，建立科学的人才评价指标体系，健全人才使用政策，完善人才机制，达到人才引进、培养、使用的目的，促进经济和社会发展。

物联网产业组织的人才支撑体系是指以人才资源为核心，能促进物联网产业发展的人才体系。物联网是一个多学科交叉的领域，需要培养具有较宽广的专业知识面的人才，不仅要具有运用计算机及信息网络辅助物联网规划、设计、计算、控制以及进行物联网系统及装置研发、设计、制造、运行与管理的能力，而且要具备自主学习、自我发展的基本能力以及较强的创新意识和从事物联网领域科学研究的基本能力，能够适应不断变化的未来物联网发展的需要。

（1）发挥政府"看得见的手"的导向作用，实施科教兴国战略

市场经济体制下社会资源主要由市场这只"看不见的手"配制，然而市场不是理想的，它存在市场不灵。知识经济条件下新兴产业对人才需求信息往往不能完全被人才市场获得，产生不完全信息现象。这就需要发挥"看得见的手"的作用，发挥政策导向作用，积极实施科教兴国战略。通过媒体舆论宣传和有力措施，坚持教育为本，把教育和科技摆在经济、社会发展的重要位置，提高全民族科技文化素质，把经济建设转移到依靠科技进步和提高劳动者素质轨道上来，努力开发人力资源，增强国家科技向现实生产力转化的能力，为新兴产业所需人才打下坚实基础。

（2）扩大高等教育办学规模，加强教学基础设施及师资队伍建设

高等院校是向社会供给知识型人才的基地，大力发展教育是解决物联网产业发展对人才需求的必然选择。

2010年2月25日，教育部发布了《关于战略新兴产业相关专业申报

和审批工作的通知》，可以看出，教育部门已经认识到物联网人才培养这一重要问题。在该通知发出仅一个月时间内，全国就有近 700 所高校提交了增设物联网等相关专业的申请，其中有 37 所高校的申请获得教育部批准。同年 9 月，中国第一批物联网专业的新生步入校园，开始系统地学习物联网基础知识。为了能尽快填补物联网产业的人才缺口，还应当新建一些社会培训机构，帮助有相关从业经验的人员完成职业转型。

（3）改变物联网人才培养模式，培养多学科复合型人才

科学技术的迅猛发展使多学科交叉融合、综合化的趋势日益增强。当今时代，科学技术成果无一不是多学科交叉、融合的结晶。物联网是多个学科交叉融合的产物，物联网发展要求跨学科的复合型人才。物联网的相关学科都是强势学科，有坚实的学科基础。物联网专业设置集中在与高校的计算机、电子技术、通信技术等相关的学院中，物联网技术应用为主的人才需求与人才培养是我国物联网专业的定位与目标。知识平台的分工格局，要求相关的物联网专业培养物联网系统的整合型人才。在高校物联网人才培养中，坚持"观念、方法"优先的教育思想，通晓知识平台的应用模式与不断涌现的知识平台新技术；在高职、高专教育中，注重培养物联网系统构建的技术能力，实现嵌入式系统人才与物联网人才的互补与并举。

培养复合型人才，一方面要拓宽专业口径，在开设一些边缘学科以及新型综合学科的基础上，指导学生跨专业甚至跨学科选课，让学有余力的学生在学好原专业的基础上，系统地学习第二专业的全部主干课程，从而使学生的知识领域得到拓展；另一方面，高校可以与科研院所、企业以及专业培训机构等建立广泛的合作，使学生能有更多的实践机会，这样不仅可以提高学生的实践能力，而且能使学生了解物联网市场相关人才的要求，从而为物联网产业的发展培养更多实用的复合型人才。

（4）建立企业人力资源激励机制，留住现有人才，吸引外来人才

在知识经济时代，人才竞争激烈。除了发挥政府调控机制和市场调节机制外，企业的重要任务就是通过激励机制，留住现有人才、吸引外来人

才，激发人才的工作积极性和创造性。通过现有人才开发和外来人才引进，解决人才短缺的难题。物联网产业组织发展的内外环境要求企业建立人才培养与使用的激励机制，包括人才生成、职业发展、竞争上岗、双向选择、优胜劣汰、利益驱动机制等，优化企业人才成长环境，为物联网产业组织的发展提供具有国际竞争力的专业人才。

中文参考文献

[1] 国外物联网发展历程及其对中国的启示 . http：//b2b. toocle. com/ detail—

[2] 孙其博，刘杰等 . 物联网：概念、架构与关键技术研究综述 . 北京邮 电大学学报，2010（3）：1—9

[3] 何源 . 物联网走进《政府工作报告》. 计算机世界，2010（9）：35—38

[4] 《江苏省物联网产业发展规划纲要》. http：//www. cnii. com. cn/ wlw/content/2011—10

[5] 姚万华 . 关于物联网的概念及基本内涵 . 中国信息界，2010（5）： 22—23

[6] 朱洪波，杨龙祥等 . 物联网技术进展与应用 . 南京邮电大学学报， 2011（1）：1—8

[7] 无锡市物联网产业发展规划纲要（2010—2015 年）. http：//xxb. wuxi. gov. cn

[8] 叶美兰，朱卫未 . 新时代下物联网产业的发展困境与推进原则——工 信部《物联网"十二五"发展规划》解读 . 南京邮电大学学报，2012 （1）：44—48

[9] 杨桓，王娇 . 物理网产业发展与投资分析 . 移动通信，2011（9）： 57—61

[10] 洪涛 . 物联网经济学 . 北京：中国铁道出版社，2011

[11] 薛洁，赵志飞．物联网产业的统计界定及其分类研究．统计研究，2012（4）：16—19

[12] 周洪波．物联网：技术、应用、标准和商业模式．北京：电子工业出版社，2011

[13] 魏长宽．物联网：后互联网时代的信息革命．北京：中国经济出版社，2011

[14] 叶晓敏．双边市场视角下运营商主导的物联网产业链构建研究：［硕士学位论文］．南京邮电大学，2013

[15] 李仁良，邹海荣．物联网产业需求驱动发展模式研究．中国市场，2011（41）：23—24

[16] 《全球物联网市场现状与趋势报告（2012）》．中商情报网 http：//www.askci.com

[17] 李家军，陈爽．基于灰色关联度分析的我国物联网产业发展研究．价值工程，2013（5）：165—167

[18] 叶新云．物联网科技园区建设的项目管理模式与前期开发战略．科技进步与对策，2011，（7）：47—50

[19] 胡斌．物联网产业创新的理论与实证研究．生产力研究，2012（7）：188—190

[20] 袁芳．全球价值链视角下长三角物联网产业集群成长机制研究．生态经济，2012（4）：95—103

[21] 董新平．物联网产业成长研究：［博士学位论文］．华中师范大学，2012

[22] 钟祥喜，肖美华，刘金香．基于 G^2EM-CI 模型的物联网产业集群竞争力研究．统计与决策，2013（15），39—41

[23] 范鹏飞，王波，黄卫东．基于统一管理平台的物联网产业联盟模式．南京邮电大学学报，2011，（2）：5—10

[24] 叶敏，宋环环．物联网产业联盟建设与运行研究．南京财经大学学报，2012（5）：33—38

［25］马飞，王小建，王炼．低碳环境下物联网产业发展的影响因素及对策研究．情报科学，2012，(9)：1366－1370

［26］成莹．中国电子商务产业的 SCP 理论分析．当代经济，2011 (7)：114－119

［27］李海舰，魏恒．新型产业组织分析范式构建研究——从 SCP 到 DIM．中国工业经济，2007 (7)：6－7

［28］史东辉．产业组织学．上海：上海人民出版社，2010

［29］史忠良．产业经济学．北京：经济管理出版社，2005

［30］李丹、吴祖宏．产业组织理论渊源、主要流派及新发展．河北经贸大学学报，2005 (3)：48－55

［31］卡尔顿，佩洛夫．现代产业组织．北京：中国人民大学出版社，2009

［32］曹自立．物联网产业发展的驱动因素研究——以通信业为例：［硕士学位论文］．南京邮电大学，2012

［33］毕开春，夏万利，李维娜．国外物联网透视．北京：电子工业出版社，2012

［34］2012 全国及各区域科技进步统计监测结果．http：//www.sts.org.cn/tjbg/tjjc/documents/2013/20130328

［35］物联网工程．http：//baike.baidu.com/view

［36］2012 最新 105 家国家级高新区名单．http：//www.hebjgbz.gov.cn/bianban/lxqy/webinfo/2012/11

［37］袁芳．全球价值链视角下长三角物联网产业集群成长机制研究．生态经济，2012 (4)：95－103

［38］张泽．物联网大趋势．北京：清华大学出版社，2010

［39］鹿晨昱，陈兴鹏，薛冰．西北少数民族地区经济发展空间分异研究．干旱区资源与环境，2012 (02)：1－6

［40］孙平军，丁四保．人口—经济—空间视角的东北城市化空间分异研究．经济地理，2011 (07)：1094－1100

[41] 申玉铭，邱灵，任旺兵，尚于力．中国服务业空间差异的影响因素与空间分异特征．地理研究，2007（11）：1255－1264

[42] 张明东，陆玉麒．我国商业发展的空间分异研究．商业研究，2009（10）：175－178

[43] 覃成林，李敏纳．区域经济空间分异机制研究——一个理论分析模型及其在黄河流域的应用．地理研究，2010（10）：1780－1792

[44] 张永凯．全球R&D活动的空间分异与新兴研发经济体的崛起：［博士学位论文］．华东师范大学，2010

[45] 张飞舟等．物联网技术导论．北京：电子工业出版社，2010

[46] 中国电子信息产业发展研究院组编．中国物联网产业发展指南．北京：机械工业出版社，2011

[47] 刘湘南，黄方等编著．空间统计分析原理与方法．北京：科学出版社，2005

[48] 张松林，张昆．空间自相关局部指标Moran指数和G指数研究．地测量与地球动力学，2007（3）：31－34

[49] 物联网产业大全编委会．中国物联网产业大全．深圳市物联传媒有限公司，2011

[50] 肖惠．中国高新技术上市企业研发（R&D）投入与企业成长相关性的实证研究：［硕士学位论文］．西南财经大学，2008

[51] 焦珮珮．技术资本投入对企业成长性影响研究：［硕士学位论文］．中国海洋大学，2009

[52] 姚世斌．基于技术创新的中小企业成长性实证研究．科技管理研究，2010（5）：12－15

[53] 池仁勇，蔡曜宇，张化尧．不同技术创新投入结构下的企业成长性分析——以浙江省高新技术企业为例．科技进步与对策，2012（5）：70－74

[54] 谭庆美，吴金克．资本结构、股权结构与中小企业成长性——基于中小企业面板数据的实证分析．证券市场导报，2011（2）：65－70

[55] 贾生华，邬爱其．转轨时期企业成长的路径演化与绩效比较．外国经济与管理，2005（3）：12－17

[56] 郝臣．中小企业成长：政策环境与企业绩效——来自中国 23 个省市 309 家中小企业的经验数据．上海经济研究，2006（11）：15－22

[57] 纪志明．上市公司成长性的行业特征分析．华南师范大学学报（社会科学版），2005（5）：62－66

[58] 谢军．企业成长性的因素分析：来自上市公司的证据．经济管理，2005（20）：82－87

[59] 孙早，薛小刚．产业环境、企业战略与企业的绩效表现．当代经济科学，2008（4）：50－56

[60] 李元旭，单蒙蒙．企业规模、资本结构与企业成长性——来自中国上证 A 股的经验数据．兰州学刊，2012（9）：91－95

[61] 张玉明，刘德胜．中小型科技企业成长的外部环境因素模型研究．山东大学学报（哲学社会科学版），2009（3）：45－50

[62] 亚当·斯密．国民财富的性质及其原因的研究．北京：商务印书馆，1997

[63] 马歇尔著，朱志泰译．经济学原理．北京：商务印书馆，1997

[64] 丛佩华．浅谈企业的成长性及其财务评价方法．财会研究，1997（9）：25－26

[65] 汤捷．基于 GEP 的知识型企业成长性的评价模型．统计与决策，2008（21）：153－154

[66] 王举颖，汪波，赵全超．基于 BSC－ANP 科技型中小企业成长性评价研究．科学学研究 2006（4）：581－585

[67] 程惠芳，幸勇．中国科技企业的资本结构、企业规模与企业成长性．世界经济，2003（12）：72－75

[68] 岳续华．负债融资、企业成长性与投资行．生产力研究，2008（23）：50－52

[69] 崔璐，钟书华．中国高技术企业成长性测度与评估．科学学与科学

技术管理，2011（4）：92－97

[70] 范柏乃、沈荣芳和陈德棉．中国风险企业成长性评价指标体系研究．科研管理，2001（1）：112－116

[71] 尚增健．我国中小企业成长性的实证研究．财贸经济，2002（9）：65－73

[72] 陈晓红，周颖，佘坚．考虑在险价值的中小企业成长性评价研究——基于沪深中小上市公司的实证．南开管理评论，2008（4）：4－11

[73] 池仁勇，陈洁．中小企业成长指数评价及其实证研究．科技进步与对策，2009（8）：118－121

[74] 陈爱成．层次分析法在中小企业成长性分析中的运用．中国商贸，2012（1）：103－104

[75] 汤文仙，李攀峰．基于三个维度的企业成长理论研究．软科学，2005（1）：33

[76] 蔡永鸿，宋彦．国外关于企业成长理论的重点综述．辽宁工学院学报，2007（4）：26－28

[77] 杨洋．企业成长的一个概念框架——基于若干学者的企业成长概念分析．东南大学学（哲学社会科学版），2011（9）：61－65

[78] 杨杜．企业成长论．北京：中国人民大学出版社，1996.

[79] 程丽霞，孟繁颖．企业成长理论的渊源与发展．江汉论坛，2006（2）：53－56

[80] 马红岩．基于结构方程模型的物联网产业影响因素研究．科技进步与对策，2015（04）：79－84

[81] 杨莉萍，杨志勇．产业经济视角下物联网产业的发展路径探析．企业经济，2015（02）：105－108

[82] 李晓钟，王莹．我国物联网产业协同发展机制及系统协同度评价研究．软科学，2015（01）：42－46

[83] 王艳，纪志成．基于大数据的物联网产业协同创新平台研究．贵州社会科学，2015（06）：139－143

［84］田志龙，史俊．互动导向的新兴产业政策决策过程研究．科研管理，
　　　2015（05）：139－142

［85］金波，秦燕飞．物联网产业发展及对策．宏观经济管理，2014（10）：
　　　68－72

［86］岳中刚．物联网产业运行机制与发展策略研究．中国科技论坛，
　　　2014（01）：62－68

英文参考文献

[1] Bill Gates, Nathan Myhrvold, Peter Rinearson. The Road Ahead. New York: Viking Penguin, 1995

[2] Auto ID Labe homepage. http://www.autoidlabs.org/.

[3] ITU Internet Report 2005: The Internet of Things. http://www.itu/dms-pub/itu-

[4] EPOSS Expert Workshop. Internet of Things in 2020. EPOSS, 2008

[5] Commission of the European Communities. Internet of Things-An action plan for Europecom (2009) 278 final [R]. Brussels, EC Publication, 2009.

[6] National Intelligence Council. Disruptive Technologies Global Trends 2025. http://www.fas.org/irp/nic/disruptive.pdf

[7] Joshua Cooper, Anne James. Challenges for Database Management in the Internet of Things. IETE Technical Review, 2009, 16 (9): 320—329

[8] Jaydip Sen. Internet of Things-A Standardization Perspective. consultancy services, 2011, 56 (7): 43—55.

[9] Dr. Ovidiu Vermesan, Dr. Peter Friess, Patrick Guillemin. Internet of Things Strategic Research Roadmap. Future Internet Strategic Research Agenda, 2010

［10］ Luigi Atzori，Antonio Iera，Giacomo Morabito，Michele Nitti．The Social Internet of Things（SIoT）-When social networks meet the Internet of Things：Concept，architecture and network characterization．Computer Networks 2012，13 (56)：3594—3608

［11］ Daniele Miorandi，Sabrina Sicari，Francesco De Pellegrini，Imrich Chlamtac．Internet of things：Vision，applications and research challenges．Ad Hoc Networks，2012，21 (10)：1497—1516

［12］ Aelita Skarzauskiene，Marius Kalinauskas．The future of potential of internet of things．Socialines techno logijos social technologies 2012，6 (2)：102—113

［13］ Foschini，Luca，Taleb，Tarik，Corradi，Antonio，Bottazzi，Dario．M2M-based metropolitan platform for IMS-enabled road traffic management in IoT．IEEE Communications Magazine，2011，16 (11)：50—57

［14］ Tomasanchez Lopez，Damith C. Ranasinghe，Mark Harrison，Duncan McFarlane．Using Smart Objects to build the Internet of Things．IEEE Internet Computing．2012，2 (5)：1—9

［15］ Michael Chui，Markus Loffler，and Roger Roberts．The Internet of Things．McKinsey Quarterly，2010，15 (2)：1—10

［16］ Mathaba，Sizakele Dlodlo，Nomusa Williams，Quentin Adigun，Mathew．Proceedings of the European Conference on Information Management & Evaluation，2011

［17］ Mari Carmen Domingo．An overview of the Internet of Things for people with disabilities．Journal of Network and Computer Applications 2012，12 (35)：584—596

［18］ Jesus Rodríguez-Molina，José-Fernan Martínez，Pedro Castillejo and Lourdes Lopez．Combining Wireless Sensor Networks and Semantic Middle ware for an Internet of Things-Based Sportsman/

Woman Monitoring Application. Sensors 2013，6（1）：1787－1835

[19] Xiaowei Zhu，Samar K. Mukhopadhyayb，Hisashi Kurata. A review of RFID technology and its managerial applications in different industries. Journal of Engineering and Technology Management，2012，8（29）：152－167

[20] Georgios E. Chortareas，Jesus Gustavo Garza-Garcia，Claudia Girardone. Banking Sector Performance in Some Latin American Countries：Market Power versus Efficiency. Banco de Mexico Working Papers，2010，8（12）：1－25

[21] Sumitra Naha，Malabika. Product Market Competition and Capital Structure of Firms：The Indian Evidence. Journal of Quantitative Economics，2011，35（2）：140－151

[22] Olufemi A. Yesufu and Adeolu B. Ayanwale. Structure，Conduct and Profitability of the Broiler Processing Enterprises in Southwestern Nigeria. Learning Publics Journal of Agriculture and Environmental Studies ，2011，23（2）：1－20

[23] Ariel Anthony，Steven B. Caudill，Franklin G. Mixon，Jr. The political economy of women's professional basketball in the United States：A structure-conduct-performance approach. Theoretical and Applied Economics ，2012，16（11）：107－126

[24] Mo Li，YunHao Liu. Underground Coal Mine Monitoring with Wireless Sensor Networks. ACM Transactions on Sensor Networks，2009，5（2）：132－138

[25] H Cao，V C M Leung，C Chow，et al. Enabling Technologies for Wireless Body Area Networks：A Survey and Outlook. IEEE Communications Magazine，2009，47（12）：84－93

[26] International Telecommunication Union. ITU Internet Reports 2005：The Internet of Things ［R］. Geneva：ITU，2005.

［27］ Cluster of European Researeh Projeets on the Internet of Things (CERPIOT) . Internet of things strategic research roadmap ［R/OL］, 2009 (9)：23.

［28］ Penrose，Edith T. . The theory of the growth of the firm. Oxford：Oxford University Press. 1959：225－230.

［29］ Delmar，F.. Measuring considerations and empirical result. In：Donckel，R，Miettinen，A. (eds.) . Entrepreneurship and SME Reaserch：On its Way to the Next Millenniuum. 1997：199－216.

［30］ Davidsson. P，Wiklund J.. Conceptual and empirical challenges in the study of firm growth. In：Sexton，D. ，Landstorm，H. (eds.). The Blackwell Handbook of Entrepreneurship. 2000：26－44.

［31］ AndrewShipilov，WadeDanis. TMGSocialCapital，StrategicChoiceand FirmPerformance . European Management Journal，2006，24 (1)：16－27.

［32］ Allen C Amason，Rodney C Shrader，George H Tompson. Top management team，International risk management factor and firm performance. Journal of Business Venturing. 2006 (21)：125－148.

［33］ Lev，B. and T. Sougiannis. The capitalization，Amortization，and Value relevance of R&D. Journal of Accounting and Economics. 1996 (21)：107－138.

［34］ Deng，Z. ，B. Lev，and F. Narin. Science and technology as predictors of stock performance. Financial Analysts Journal. 1999：20－32.

［35］ Alex Code，Rekha Rao. Innovation and firm growth in high－tech sectors：A quantile regression approach . Researech Poliey，2008 (37)：633－648.

［36］ Lewellen. Huntsman. Managerial pay and corporation performance. American Economical Review，1970 (60)：10－20.

［37］ Murphy K. Corporate performance and managerial remuneration：an empiricalanalysis. Journal of Accounting and Economics，1985（7）：179－203.

[38] Jensen M. C. ，Meckling W. H. Theory of the Firm：Managerial Behavior，Agency Costs and Ownership Structure. Journal of Financial Economics，1976，3：305－360.

[39] Ross S. A. The Determination of Financial Structure：The Incentive Signaling Approach ［J］．The Bell Journal of Economics，1977，8（1）：23－40.

[40] Waliullah，Nishat M. Capital Structure Choice in an Emerging Market：Evidence from Listed Firms in Pakistan ［R］．Working Paper Series，SSRN-id1265447，2008.

[41] Mohammad M. R. Access to financing and firm growth. www. elsevier. com/locate/jbf，2010.

[42] Dewatripont，M. and Maskin，E. . Credit and efficiency in centralized and decentralized economies. Review of Economic Studies，1995（62）：541－555.

[43] ThorstenBeck，AsliDemirguc-Kunt，Ross Levine. SMEs，growth and poverty：cross－country evidence. Journal of Economic Growth，2005，(10)：199.

[44] Teece D J，Rumelt R. Understanding corporate coherence：theory and evidence. Journal of Economic Behavior and Organization，1994（23）：1－30.

[45] Arthur. Fishman，Rafael Rob. Consumer inertia，Firm growth and industry dynamics. Journal of Economic Theory，2003（1）：109.

后 记

从互联网到物联网，从信息技术到智能技术，物联网作为新一轮信息技术革命，代表着信息通信技术的发展方向。继美国"智慧地球"、欧盟"欧洲物联网行动计划"、日本"U-Japan"战略之后，2009年中国提出"感知中国"战略，2011年我国工信部出台《物联网'十二五'发展规划》，正式将物联网列为国家新兴产业发展战略的重要组成部分，随后，各省市也出台相应的物联网发展战略，物联网产业的发展受到政府部门、企业界的高度重视。在此背景下，本人开始物联网方向的研究，取得了丰硕的研究成果。

本书的选题，源于福建省社会科学规划项目《我国物联网产业空间分布与差异研究》（2013B201）的立项，在项目研究报告的基础上补充修改而成的。从课题的申报和立项，到课题的写作和结项，再到书稿的完成，历经四年，期间艰辛难以言表。然而，在该领域，本人才疏学浅，疏漏不当之处在所难免，敬请读者诸君批评指正。

本书的顺利出版，首先感谢华侨大学人才引进科研基金项目出版资助，以及工商管理学院学术著作出版资助。

其次，感谢我的硕士研究生何佳泓、吴好、王小锋、刘笑音，为本书的数据调研、资料搜集、部分写作等付出的辛劳。感谢我丈夫吕庆华博导的有益指导和何瑞鑫处长的热心帮助。

最后，感谢北京人文在线文化艺术有限公司和光明日报出版社的领导，以及本书的责任编辑。

郑淑蓉

2016 年 5 月于华侨大学